DIETER GRILLMAYER
Semper et ubique

DIETER GRILLMAYER

Semper et ubique

Unvergängliches und allgegenwärtiges Latein

*Quídquid agís,
prudénter agás et réspice finem!*

Bibliographische Information der Deutschen Bibliothek:
Die Deutsche Bibliothek verzeichnet diese Publikation in der
Deutschen Nationalbibliographie;
detaillierte bibliographische Daten sind im Internet über
http://dnb.ddb.de abrufbar

ISBN: 978-3-7386-2576-9
Zweite, verbesserte Auflage 2015

Alle Rechte vorbehalten

2014 Copyright by Dieter Grillmayer

Herstellung und Verlag:
Books on Demand GmbH, Norderstedt

Inhaltsverzeichnis

Vorwort   09

1. Wortarten und Satzbau; Hauptwörter   11

11 *Nomen est omen*   16
12 *Repetitio est mater studiorum*   17
13 *Iustitia regnorum fundamentum*   17
14 *Homo homini lupus* und *In vino veritas*   18
15 *O tempora, o mores!*   19
16 *Vox populi, vox Dei*   19
17 *Lupus in fabula* und *Advocatus diaboli*   20
18 *Casus belli* und *Genius loci*   21
19 *Summa summarum* und *Curriculum vitae*   21

2. Eigenschaftswörter   23

21 *Perpetuum mobile, Misera plebs* und *Tabula rasa*   24
22 *Expressis verbis* und *Viribus unitis*   25
23 *Fortuna est caeca*   25
24 *Mors certa, hora incerta*   26
25 *Carum est, quod rarum est*   26
26 *Fundamentum totius Reipublicae est recta Iuventutis educatio*   27
27 *Usus est magister optimus*   28
28 *Salus publica suprema lex*   28
29 *Non plus ultra, Ultima ratio* und *Vis maior*   29

3. Zeitwörter   31

31 *Fui quod es. Eris quod sum.*   33
32 *Audi, Fiat* und *Volvo*   34
33 *Veni, vidi, vici* und *Quod scripsi, scripsi*   35
34 *Variatio delectat* und *Pecunia non olet*   36
35 *Manus manum lavat* und *Similis simili gaudet*   36
36 *Verba docent, exempla trahunt*   37

37 *Carpe diem! Cave canem! Sapere aude!* 38
38 *Errare humanum est* und *Alea iacta est* 38
39 *Pacta sunt servanda* 39

4. Fürwörter und Zahlwörter 41

41 *Alter ego* und *Suum cuique* 43
42 *Cuius regio, eius religio* und *Cui bono?* 44
43 *Eadem mutata resurgo* 45
44 *Qualis dominus, talis servus* 45
45 *Quod licet Iovi non licet bovi* 46
46 *Quod erat demonstrandum* 47
47 *Tres faciunt collegium* 47
48 *Germania est divisa in partes tres* 48
49 *Ovum, ovum, quid lacus ego* 48

5. Vorwörter und Vorsilben 49

51 *Ad Kalendas Graecas* und *Ad multos annos!* 53
52 *Summa cum laude* und *Cum grano salis* 54
53 *De gustibus non est disputandum* 54
54 Der *Deus ex machina* 55
55 *Medias in res* und *Requiescat in pace* 55
56 *Austria Erit In Orbe Ultima* 56
57 *Per aspera ad astra* und *Sanitas per aquam* 57
58 *In dubio pro reo* und *Pars pro toto* 57
59 Die *Conditio sine qua non* und *Sine ira et studio* 58

6. Umstandswörter 59

61 *Hic et nunc* 60
62 *Hic Rhodos, hic salta!* 60
63 *Semper et ubique* 60
64 *Sic transit gloria mundi* 61
65 *Ubi bene, ibi patria* 61
66 *Bis dat, qui cito dat* 62
67 *Plenus venter non studet libenter* 62
68 *Fortiter in re, suaviter in modo* 63

7. Satzgefüge; Bindewörter und Verneinungen — 65

71 *Audiatur et altera pars* und *Cogito, ergo sum* — 66
72 *Ceterum censeo Carthaginem esse delendam* — 67
73 *Si vis pacem, para bellum!* — 68
74 *Si tacuisses, philosophus mansisses* — 68
75 *Difficile est saturam non scribere* — 69
76 *Non scholae, sed vitae discimus* — 69
77 *Nulla poena sine lege* und *Nolens, volens* — 70
78 *Noli me tangere! Noli turbare circulos meos!* — 71
79 *De mortuis nihil nisi bene* und *Nil novi sub sole* — 72

8. Versmaße; Hexameter und Distichon — 73

81 *Bélla gerént alií, tu félix Áustria núbe!* — 74
82 *Témpora mútantúr et nós mutámur in íllis* — 74
83 *Quídquid agís, prudénter agás et réspice finem!* — 75
84 *Órandúm (e)st, ut sít mens sána in córpore sáno* — 76
85 *Príncipibús placuísse virís non última láus est* — 76
86 *Ést modus ín rebús, sunt cérti dénique fines* — 77
87 *Quídquid id ést, timeó Danaós et dóna feréntes* — 77
88 *Áurea príma satá (e)st aetás, quae víndice núllo spónte suá, sine lége fidém rectúmque colébat* — 78
89 *Dónec erís sospés, multós numerábis amícos: témpora sí fuerínt núbila, sólus erís* — 78

9. Das „*Gaudeamus*" und seine Geschichte — 81

Personenregister — 89
Sachregister — 93
Literaturverzeichnis — 95

*****

Textauszeichnungen und Abkürzungen

Normalschrift (Times New Roman): Deutscher Text. Dabei werden Anführungszeichen dort gesetzt, wo es sich um (wörtliche) Übersetzungen aus dem Lateinischen handelt sowie bei deutschen

Aufsatz-, Buch- und Vortragstiteln. Gelegentlich werden auch die deutsche Bedeutung von Fremdwörtern und deutsche Textbeispiele zur Grammatik in Anführungszeichen gesetzt, aber nur dort, wo es geraten erscheint, diese vom Begleittext abzuheben.

Kursivschrift: Alle nicht deutschen, vor allem lat. Wörter und Texte, in Anführungszeichen nur dann, wenn es sich um Buchtitel handelt.

Kursivschrift fett: Alle (auch griechische, englische und französische) Fremdwörter einschließlich aller grammatikalischen Fachausdrücke, aber nur dort, wo sie erklärt werden. Die Fremdwörter werden in der im Deutschen üblichen Schreibweise wiedergegeben. Das trifft etwa auf das Ersetzen der lat. „Ces" durch „Kas" oder „Zets" gemäß der Rechtschreibreform von 1901 zu, aber auch auf das Verwenden von Umlauten, vor allem „ä" statt „ae".

Normalschrift fett: Alle aus dem Lateinischen kommenden Lehnwörter, wobei die Abgrenzung zu den Fremdwörtern oft schwer fällt. Als Lehnwort ist in diesem Büchlein ein Wort des deutschen Sprachschatzes ausgezeichnet, das eine (mehr oder weniger starke) Veränderung gegenüber dem lateinischen Wort erfahren hat, von dem es abstammt. (Beispiel: **Fenster** leitet sich von lat. *fenestra* ab.) Ist es hingegen – Endungen ausgenommen – zu keiner Veränderung gekommen, so wird das Wort als ***Fremdwort*** ausgezeichnet. (Beispiele: ***Villa***, ***Provinz*** von lat. *provincia*.)

	Abkürzungen		Abkürzungen
Abs.	Absatz	lt.	laut
AcI	Akkusativ mit Infinitiv	NDR	Neue deutsche Rechtschr.
Anm.	Anmerkung	od.	oder
gespr.	gesprochen	österr.	österreichisch(er/e/es)
griech.	griechisch(er/e/es)	P.	Plural
i. A.	im Allgemeinen	PPP	Partizip Perfekt passiv
Ind.	Indikativ	röm.	römisch(er/e/es)
insbes.	insbesondere	S.	Singular
Konj.	Konjunktiv	u. a.	unter anderem
lat.	lateinisch(er/e/es)	z. B.	zum Beispiel

Vorwort

Es ist wohl keine ganz sinnlose und unerklärliche Beschäftigung für einen Pensionisten, wenn er die in sechsjährigem Lateinunterricht (von 1953 bis 1959) erworbenen Kenntnisse wieder aufzufrischen versucht. Eher unverständlich ist es dann schon, wenn er, gelernter und wohl auch von seinem Fach geprägter Mathematiker, sein wiedergewonnenes und zum Teil auch neu geschöpftes Wissen zu Papier bringt und einem größeren Publikum zur Verfügung stellen möchte.

Dafür gibt es zwei Gründe: Einmal das Bonmot von Mark Twain, die beste Art, mit einer Sache vertraut zu werden, sei es, ihr ein Buch zu widmen. Dieses Rezept habe ich, weil ohnehin eher der schriftliche Typ, schon mehrmals erfolgreich angewendet. Der zweite Grund ist typisch lehrerhaft: Mit zunehmendem Alter hat sich in mir die Meinung verfestigt, dass Latein ein abendländisches Kulturgut ersten Ranges ist, das es zu bewahren gilt. Dafür möchte ich den Beweis antreten und dazu möchte ich beitragen.

Ein wichtiger Anstoß war mir ein Aufsatz des Schweizer Altphilologen Dr. Klaus Bartels, welchen „Die Presse" in ihrer Wochenendausgabe vom 27./28. Mai 2000 veröffentlicht hat. Bartels, dessen Name in diesem Büchlein noch mehrmals fallen wird, weist darin u. a. darauf hin, dass Italienisch, Französisch, Spanisch, Portugiesisch und Rumänisch Tochtersprachen des Lateinischen sind und fährt fort: „Wer sich mit der Mutter auch nur einigermaßen versteht – und hier genügt bereits ein vergleichsweise kleines Quentchen Basic Latin –, der hat mit den Töchtern leichtes Spiel."

Seither lässt mich die Idee vom Basic Latin nicht mehr los, das jedem Heranwachsenden, der eine höhere Bildung anstrebt, in jungen Jahren eingepflanzt werden sollte und auch zugemutet werden darf. Die Grammatik der Muttersprache würde dazu einen nahezu fließenden Einstieg liefern. Neben dem Kennenlernen der international üblichen Fachausdrücke könnte bereits ein Basic Latin zu grundlegenden Einsichten führen, wie etwa, dass Prädikatsadjektiva und Adverbia Wortarten mit ganz verschiedenen Funktionen sind, wiewohl z. B.

das Deutsche dafür völlig identische Wörter gebraucht. Ebenso zu einer vertieften Allgemeinbildung gehört es nach meinem Verständnis, die Herkunft von Fremdwörtern, Spruchweisheiten und Floskeln einigermaßen nachvollziehen zu können. Was es dabei für Überraschungen geben kann, davon zeugen hier etwa die Texte 76 (*Non scholae, sed vitae discimus*) und 84 (*Mens sana in corpore sano*).

Vor einem guten Jahr setzte ich mich dann, zunächst nur mit den geläufigsten Textbeispielen ausgestattet, an mein Notebook, linker Hand den „Stowasser", das österr. Standard-Lateinwörterbuch, rechter Hand die Latein-Grammatik von Gaar-Schuster, beides noch Bücher aus meiner Schulzeit. Erst später wurde ich gewahr, dass sich sogar an den Latein-Schulbüchern in den letzten 60 Jahren einiges geändert hat und habe auf neuere Ausgaben zugegriffen. Auch meine Texte-Sammlung ist durch Zuruf und Nachschau kontinuierlich angewachsen.

Im Zuge der Erwähnung meines Vorhabens im Bekanntenkreis fehlte es auch nicht an Hinweisen darauf, dass es solche Bücher schon gibt und es wurden mir auch Titel genannt. Glücklicherweise durfte ich nach deren Erwerb feststellen, dass diese Veröffentlichungen anders aufgebaut sind und zum Teil auch andere Schwerpunkte verfolgen als das Büchlein, an dem ich gearbeitet habe und das nun vorliegt.

Weil nicht „vom Fach" habe ich meinen langjährigen Berufskollegen OStR. Mag. Helfried Raab gebeten, mein Manuskript gründlich zu lektorieren. Für diesen Freundschaftsdienst bin ich ihm zu großem Dank verpflichtet. Helfried Raab war am Bundesrealgymnasium in Steyr/OÖ, dem ich von 1984 bis 2002 als Direktor vorstand, ein äußerst erfolgreicher Lateinlehrer, was ich darauf zurückführe, dass er sich auf das unbedingt Notwendige beschränkt, dieses aber „gnadenlos" eingefordert hat. Generationen von Schülern haben davon profitiert und sind ihm dankbar dafür. Denn in aller Regel schlugen anfängliche Irritationen schon bald in Verehrung für den Lehrer und Liebe zur Sprache um, so wie es sein soll.

Dieter Grillmayer

Teil 1: Wortarten und Satzbau; Hauptwörter

(1) Die Wortarten des Lateinischen können in drei Gruppen eingeteilt werden: *Nomina* (Einzahl *Nomen*), im Deutschen gelegentlich als Nennwörter bezeichnet, *Verba* (Einzahl *Verbum*, kurz *Verb*), im Deutschen Zeit- oder Tätigkeitswörter genannt, und *Partikel(n).* Das sind unveränderliche Wörter, können also nicht gebeugt werden. Demgegenüber erfolgt bei den Nomina eine als *Deklination* bezeichnete Beugung nach 1. dem Geschlecht, lat. *Genus*, 2. dem Fall, lat. *Kasus*, und 3. der Zahl, lat. *Numerus*.

(2) Die als *Konjugation* bezeichnete Beugung der Verba erfolgt nach 1. der Person, 2. der Zahl (Einzahl, lat *Singular*, oder Mehrzahl, lat. *Plural*), 3. der Zeit, lat. *Tempus* (z. B. Gegenwart, lat. *Präsens*), 4. der Aussageweise, lat. *Modus* (Wirklichkeitsform, lat. *Indikativ*, Möglichkeitsform, lat. *Konjunktiv*, oder Befehlsform, lat. *Imperativ*) und 5. der Zustandsform (*aktiv* oder *passiv*). Es gibt aber auch „unpersönliche" Verbalformen, lat. *Nominalformen*, wie z. B. die Grund- oder Nennform, lat. *Infinitiv*, und das Mittelwort, lat. *Partizip*, Mehrzahl *Partizipia*. Letztere haben auch an den in Anm. (1) genannten Eigenschaften der Nomina Anteil, worauf der deutsche Fachausdruck „Mittelwort" treffend hindeutet. (Eine ausführlichere Behandlung erfolgt in Teil 3.) Vorweggenommen sei wegen des dringenden Bedarfs schon in Teil 1 und Teil 2 die dritte Person S. Präsens Ind. des nur in der Aktivform vorhandenen Hilfszeitworts *esse* „sein", nämlich *est* „(er/sie/es) ist".

(3) Die Nomina gliedern sich in Hauptwörter, lat. *Substantiva*, Einzahl *Substantiv(um)*, Eigenschaftswörter, lat. *Adjektiva*, Einzahl *Adjektiv(um)*, Fürwörter, lat. *Pronomina*, Einzahl *Pronomen*, und Zahlwörter, lat. *Numeralia*, Einzahl (das) *Numerale*. Obwohl das Lateinische für persönliche Fürwörter, lat. *Personalpronomina*, wie z. B. ich, du, wir, ihr, Vokabel hat, werden diese gewöhnlich unterdrückt bzw. sind sie in den Verba bereits enthalten. Gleiches gilt für die besitzanzeigenden Fürwörter, lat. *Possessivpronomina*, wenn sie

sich von selbst verstehen. Weil schon in den Texten 25, 31 und 33 gebraucht sei als Beispiel für ein auf etwas Bezug nehmendes („bezügliches") Fürwort, lat. **Relativpronomen**, das sächliche *quod* („welches" oder „was") genannt.

(4) Im Unterschied zum Deutschen kennt das Lateinische keine Artikel (wie z. B. der, die, das oder einer, eine, eines) bzw. sind diese im Hauptwort bereits inkludiert. Ob bei der deutschen Übersetzung der bestimmte oder unbestimmte Artikel zu verwenden ist ergibt sich aus dem Zusammenhang.

(5) Partikel (von lat. *particula, particulae* f. „Teilchen", „Weniges") sind die Vorwörter, lat. **Präpositionen**, gern auch als Vorsilben, lat. **Präfixe**, verwendet, ferner die Umstandswörter, lat. **Adverbia**, weiters die Bindewörter, lat. **Konjunktionen** einschließlich der Verneinungen, lat. **Negationen**, und schließlich noch die Empfindungswörter, lat. **Interjektionen**. Wie im Deutschen ist auch im Lateinischen das *in* „in" (oder „im") eine der wichtigsten Präpositionen und kommt schon in den Texten 14 und 17 vor. Die häufigste Konjunktion ist das *et* „und", die häufigste Negation das *non* „nicht"; auch diese zwei Partikel werden laufend in Texten verwendet, die vor der systematischen Behandlung der entsprechenden Wortarten (Teil 7) angesiedelt sind. Zu den Interjektionen gehört z. B. das *o*, wie im Deutschen ein Ausruf der Überraschung (und auch auf „oho" oder „oje" ausgeweitet), siehe Text 15.

(6) So wie ein Adjektiv eine Eigenschaft eines Substantivs ausdrückt, so gibt ein **Adverb(ium)** i. A. über eine Eigenschaft eines Verbs Auskunft, worauf die Präposition *ad* „zu" hinweist. Das erlaubt eine Vielzahl von Möglichkeiten, etwa im Deutschen zum Verb „schreiben": hier, dort, überall; oft, heute, später; schön, gern, viel. Generell gibt die Wortklasse der Adverbia – Näheres dazu in Teil 6 – die besonderen Umstände an, unter denen ein Geschehen stattfindet, daher die deutsche Bezeichnung „Umstandswort".

(7) Der einfachste vollständige Satz besteht aus einem Satzgegenstand, lat. **Subjekt**, und einer Satzaussage, lat. **Prädikat**, die nach Person und Zahl übereinstimmen müssen. Das Subjekt ist i. A. ein

immer im 1. Fall stehendes Substantiv, doch können auch (im Prädikat enthaltene) Personalpronomina, substantivisch gebrauchte Nomina (z. B. der Beste, die Meinen, das Erste), aber auch Nominalformen von Verba (z. B. Irren ist menschlich, das Gesagte war wichtig) diese Funktion übernehmen. (Nach NDR werden auch solche Subjekte grundsätzlich groß geschrieben.) Prädikat ist i. A. ein Vollverb oder in Verbindung mit einer Form des Hilfsverbs *esse* „sein" ein ebenfalls im 1. Fall stehendes Nomen, welches dann als **Prädikatsnomen**, im Falle eines Hauptworts insbesondere als **Prädikatssubstantiv** bezeichnet wird. Gelegentlich kann ein ganzer **Subjektsatz** oder **Prädikatsatz** die Rolle von Satzgegenstand bzw. Satzaussage übernehmen. Zwei Beispiele für Subjektsätze liefern die Texte 25 und 66. Schließlich kann das Subjekt aber auch gänzlich fehlen; ein solcher subjektloser Satz ist z. B. *Orandum est* „man muss beten" (Text 84).

(8) Neben Subjekten und Prädikaten können auch **Objekte** auftreten, das sind (nicht im 1. Fall stehende) Substantiva oder substantivisch gebrauchte Nomina und Nominalformen, welche den Bezugspunkt des konkreten Geschehens angeben. Gegebenenfalls werden diese drei wesentlichen Satzglieder durch Adjektiva, Adverbia, Pronomina und/oder Numeralia ergänzt. Ein Beispiel: Der kleine Michael liebt seine Lehrerin sehr. Subjekt ist „der kleine Michael", Pädikat „liebt sehr", Objekt „seine Lehrerin".

(9) Das Subjekt steht i. A. am Anfang und das Prädikat am Ende eines lat. Satzes, doch ist das keine strenge Regel, wie die Wortstellung im Lateinischen überhaupt flexibel ist. Das hat den Nachteil, dass man meistens nicht sofort sieht, welche Funktion die einzelnen Wörter im Satz haben und was „zusammengehört". Erkennbar ist das allerdings immer an den Endungen. Adjektiva, Pronomina und (deklinierbare) Numeralia stimmen nach Genus, Numerus und Kasus immer mit dem Substantiv überein, auf welches sie sich beziehen.

(10) Wie das Deutsche kennt auch das Lateinische drei Geschlechter: Ein Substantiv männlichen, lat. *maskulinen*, Geschlechts ist ein **Maskulinum**, weiblichen, lat. *femininen*, Geschlechts ein **Femininum** und sächlichen Geschlechts ein **Neutrum**. Wie im „Stowasser"

wird auch hier das Geschlecht bei jedem Substantivum mit m., f. oder n. angegeben.

(11) *Natura, naturae* f. „Geburt" od. „Wesen" hat unserer **Natur** den Namen gegeben. Nach ihrem natürlichen Geschlecht sind männliche Personen sowie Völker und Flüsse im Lateinischen Maskulina, weibliche Personen und Bäume sind Feminina, ebenso die Namen von Ländern, Inseln und Städten. Alle anderen Substantiva haben grammatikalisches Geschlecht, das man nur an den Endungen erkennt. Die erste oder a-Deklination, zu der *natura* gehört, ist weiblich. Die zweite oder o-Deklination ist auf *-us* und *-er* männlich, auf *-um* sächlich. Weitere drei Deklinationen mit einer Vielzahl von Endungen machen die Sache nicht gerade einfacher. Aber eine Regel ist sicher: Das natürliche Geschlecht „zieht" vor dem grammatikalischen Geschlecht. Daher ist z. B. der Bauer *agricola, agricolae* m. ein Maskulinum. *Bos, bovis* m. ist der Stier und *bos, bovis* f. ist die Kuh.

(12) Die Geschlechtserkennung ist bei den lateinischen Substantiva zwar mühsam, aber das Deutsche kann damit durchaus in Konkurrenz treten. Hier lässt sich nämlich an der Endung auch kein Geschlecht ablesen, z. B. ist der **Vater**, ein von lat. *pater, patris* m. abgeleitetes Lehnwort, männlich, die **Mutter** (von lat. *mater, matris* f. abgeleitet) hingegen weiblich nach dem natürlichen Geschlecht. Doch ist dieses im Deutschen nicht durchgängig bestimmend, wie etwa beim sächlichen „Weib(chen)", das im Lateinischen als *femina, feminae* f. sowohl nach dem natürlichen als auch nach dem grammatikalischen Geschlecht weiblich ist.

(13) Das Lateinische kennt sechs Fälle, und zwar den 1. oder Werfall, lat. ***Nominativ***, den 2. oder Wessenfall, lat. ***Genetiv***, den 3. oder Wemfall, lat. ***Dativ***, den 4. oder Wenfall, lat. ***Akkusativ***, den 5. oder Ruffall, lat. ***Vokativ***, und den 6. oder Woher-, Womit-, Wo- und Wannfall, lat. ***Ablativ***. Der im Deutschen nicht vorhandene Vokativ ist mit Ausnahme der Wörter der o-Deklination auf *-us* dem Nominativ gleich. Beispiele: Bei *urbi et orbi* sind die Dative S. von *urbs, urbis* f. „Stadt" und *orbis, orbis* m. „Erdkreis" in Verwendung, der päpstliche Segen wird „der Stadt (Rom) und dem Erdkreis" erteilt. Bei *panem et circenses* kommen die Akkusative S./P. von *panis,*

panis m. „Brot" und *circenses, circensium* m. „(Zirkus-)Spiele" zum Einsatz. Die 4. Fälle erklären sich aus dem Zusammenhang bei JUVENAL (*„Satiren"*), wo der Dichter beklagt, das einst so stolze röm. Volk wünsche sich heutzutage nur mehr zweierlei: „Brot und Spiele". Beim Doktor *honoris causa* (Dr. *h. c.*) handelt es sich um einen „ehrenhalber" vergebenen Doktortitel, zu *causa* (Ablativ S.) siehe Anm. (14), *honoris* ist der Genetiv S. von *honor, honoris* m., die wörtliche Übersetzung lautet daher: „Doktor um der Ehre Willen".

(14) Selbstverständlich kann und will dieses Büchlein keine lateinische Grammatik ersetzen, möchte aber zum Nachschlagen in einer solchen anregen. Dazu ist es nützlich, die Deklination zu erkennen, nach welcher das Substantiv gebeugt wird, wozu die Angabe nicht nur des Nominativs, sondern auch des Genetivs notwendig ist. Daher wurden bereits bisher und wird auch weiterhin (wie im „Stowasser") von jedem hier vorkommenden lat. Substantiv der Nominativ und der Genetiv vorgestellt. Beispielhaft und weil auch für die Deklination der Adjektiva (Teil 2) von Belang wird in der folgenden Tabelle die vollständige Deklination von je einem Wort der o-Deklination auf -*us* (m.) und -*um* (n.) sowie der a-Deklination (f.) angegeben:

	Singular (S.)		
1.	*numerus* die Zahl	*causa* der Grund	*verbum* das Wort
2..	*numeri* der Zahl	*causae* des Grundes	*verbi* des Wortes
3.	*numero* der Zahl	*causae* dem Grund	*verbo* dem Wort
4.	*numerum* die Zahl	*causam* den Grund	*verbum* das Wort
5.	*numere*! Zahl!	*causa*! Grund!	*verbum*! Wort!
6.	*cum numero* mit der /durch die Zahl	*causa* auf Grund, um ... Willen	*verbo* mit dem /durch das Wort
	Plural (P.)		
1.	*numeri* die Zahlen	*causae* die Gründe	*verba* die Wörter
2.	*numerorum* der ...en	*causarum* der ...de	*verborum* der ...er
3.	*numeris* den Zahlen	*causis* den Gründen	*verbis* den ...ern
4.	*numeros* die Zahlen	*causas* die Gründe	*verba* die Wörter
5.	*numeri*! Zahlen!	*causae*! Gründe!	*verba*! Wörter!
6.	*cum numeris* mit den/durch die ...en	*causis* infolge der Gründe	*verbis* mit den /durch die Wörter

Wir sehen: Bis zu einem bestimmten Buchstaben, sind alle Formen gleich. Dieser Teil bildet den <u>Wortstock</u> (*numer-, caus-, verb-*), dann kommen die verschiedenen Endungen. Gleiches gilt auch für die Verba bzw. die Konjugationen. (Als <u>Wortstamm</u> wird der Genetiv Plural ohne die Endungen *-rum* oder *-um* bezeichnet; er gibt den Deklinationen den Namen: *caus<u>a</u>-rum, verb<u>o</u>-rum, cas<u>u</u>-um, r<u>e</u>-rum*.)

(15) Der Ablativ wird immer mit langem Endvokal gesprochen. Im Unterschied zum eher selten auftretenden Vokativ ist der Ablativ ein sehr häufig vorkommender und wichtiger Fall, der das Lateinische auszeichnet. Im Deutschen wird er zumeist durch Präpositionalausdrücke (z. B. „während des – Genetiv", „mit dem – Dativ", „durch das – Akkusativ") wiedergegeben. (Gelegentlich trifft das auch auf andere Fälle, vor allem den Dativ, siehe Text 76, zu.) Der Dativ P. und der Ablativ P. sind in allen Deklinationen gleich.

11 *Nomen est omen*

a) Vokabular und Grammatik: *Nomen, nominis* n. „Name" od. „Benennung", gelegentlich auch „Titel" od. „Ruf"; *est* „ist"; *omen, ominis* n. „Anzeichen" od. „Vorzeichen". Es handelt sich um einen vollständigen Satz mit *nomen* als Subjekt und *est omen* als Prädikat; *omen* ist also ein Prädikatsnomen.

b) Übersetzung, Herkunft und/oder Sinn: Unter Berücksichtigung von Anmerkung (4) lautet die (wörtliche) Übersetzung „Der Name ist ein Vorzeichen." Der Spruch beschreibt den Sachverhalt, dass der Name einer Person auf eine Eigenschaft (Eigenheit, Tätigkeit, Herkunft) dieser Person hindeutet, z. B. wenn jemand, der „Richter" heißt, gerne über andere urteilt. Gegebenenfalls kann es sich aber auch um einen anderen Eigennamen handeln, wie etwa bei dem in Dürrenmatts „Besuch der alten Dame" vorkommenden Dorf „Güllen", der auf Jauche/Gülle Bezug nimmt.

c) Fremd- und Lehnwörter: **Nomen** ist ein grammatikalischer Fachausdruck, siehe Anm. (1); der **Name** ist ein von *nomen* abgeleitetes Lehnwort. **Omen** für „Vorzeichen" ist im Deutschen als Fremdwort etabliert.

12 *Repetitio est mater studiorum*

a) *Repetitio, repetitionis* f. „Wiederholung" ist das Subjekt dieses Satzes, *est mater* das Prädikat und gemäß Anmerkung (12) mit „ist die Mutter" zu übersetzen; *studiorum* „der Studien" ist ein Objekt im Genetiv Plural, abgeleitet von *studium, studii* n. „Eifer", „Neigung" od. „Studium". Man vergleiche dazu die Tabelle in Anm. (14).

b) Die Lebensweisheit „Wiederholung ist die Mutter der Studien" bringt zum Ausdruck, dass nur durch laufendes Wiederholen neu erworbenes Wissen gefestigt werden kann.

c) Als Fremdwort ist **repetieren** für „eine Klasse wiederholen" nur mehr wenig gebräuchlich, die **Mutter** ist ein auf *mater* zurückgehendes Lehnwort, das **Studium** und der **Student** sind im deutschen Sprachgebrauch allgegenwärtig.

13 *Iustitia regnorum fundamentum*

a) *Iustitia, iustitiae* f. „Gerechtigkeit" ist das Subjekt, *regnorum* „der Regierungen" ist ein Objekt, und zwar der Genetiv P. von *regnum, regni* n. „Herrschaft" od. „Regierung"; *fundamentum, fundamenti* n. „Grund" od. „Grundlage" bildet hier zusammen mit zu ergänzendem *est* das Prädikat. Man beachte die grammatikalische Übereinstimmung der drei „Bausteine" dieses Satzes mit dem Satz 12, aber die unterschiedliche Anordnung.

b) Bei diesem lat. Text handelt es sich um eine Inschrift, die auf dem Äußeren Burgtor in Wien steht und deren Botschaft also lautet: „Gerechtigkeit ist die Grundlage der Regierungen". (Gemeint ist, dass nur der Gerechte zum Regieren befähigt und befugt ist.) Das Auslassen von Wörtern, hier *est,* die man sich leicht „dazudenken" kann, ist im Lateinischen nichts Ungewöhnliches.

c) Alle drei oben genannten lat. Vokabel haben auf das Deutsche abgefärbt, etwa mit **Fundament** für „Unterbau", **fundamental** für „grundlegend" und **Justiz**(wesen) für „Rechtswesen". Auch die **Regierung** steht natürlich mit *regnum* in Zusammenhang.

14 *Homo homini lupus* und *In vino veritas*

a1) *Homo, hominis* m. „Mensch" ist das Subjekt, *homini* ist der Dativ, im Satzzusammenhang also ein Objekt; *lupus, lupi* m. „Wolf" bildet hier als Prädikatsnomen zusammen mit zu ergänzendem *est* das Prädikat.

a2) *Vino* ist der Ablativ von *vinum, vini* n. „Wein", *in vino* gemäß Anm. (5) also mit „im Wein" zu übersetzen. *Veritas, veritatis* f. „Wahrheit". Auch bei diesem Text ist ein *est* zu ergänzen, das aber hier das alleinige Prädikat bildet und besser mit „liegt" zu übersetzen ist.

b1) „Der Mensch ist dem Menschen ein Wolf." Mit diesem bereits bei PLAUTUS in *„Asinaria"* als *Lupus est homo homini* vorkommenden Spruch begründete der Urvater des (pragmatischen) englischen Liberalismus Thomas Hobbes (1588 – 1679) seine Staatstheorie, wonach das menschliche Verhalten prinzipiell auf Selbsterhaltung, Lustgewinn und Machtentfaltung ausgerichtet ist. Da zudem die Menschen von Natur aus gleich sind und alle das gleiche Recht auf Selbstentfaltung haben, führt das zu einem „Kampf aller gegen alle". Erst durch Aufgabe bzw. Einschränkung dieses Naturrechts durch einen „Gesellschaftsvertrag" werden Friedenssicherung und soziales Zusammenleben möglich.

b2) „Im Wein ist/liegt (die) Wahrheit" bringt zum Ausdruck, dass unter Alkoholeinfluss gelegentlich weniger Rücksicht auf Konventionen/Befindlichkeiten genommen und damit eher die Wahrheit gesprochen wird. Dieses Sprichwort haben schon die alten Griechen geprägt; die Quelle der lateinischen Version ist nicht belegt, ein sinngemäß gleicher lat. Text findet sich aber bei PLINIUS.

c1) Das fremdwortliche **Homo-** bzw. **homo-** als Vorsilbe hat nichts mit Latein zu tun, sondern bezieht sich auf das griechische Wort für „gleich". Anders bei den Fachausdrücken aus der Entwicklungsgeschichte des Menschen, etwa **Homo erectus** für „der aufrecht gehende Mensch", **Homo sapiens** für „der kluge Mensch", in seiner ausgereiftesten Form dann **Homo sapiens sapiens** genannt.

c2) Unser **Wein** ist natürlich ein von *vinum* abgeleitetes Lehnwort und ebenso der **Winzer**. Das Fremdwort **Vinothek** für eine Weinhandlung mit Weinverkostung ist eher jüngeren Ursprungs. (Das Fremdwort **Theke** für Laden oder Schanktisch kommt aus dem Griechischen.) *Veritas* ist der Name eines Linzer Schulbuchverlages; *veritabel* steht als Fremdwort für „echt", „wirklich" oder „anständig".

15 *O tempora, o mores!*

a) *Tempora* und *mores* sind die Nominative des Plurals von *tempus, temporis* n. „Zeit" bzw. *mos, moris* m. „Sitte", aber auch „Charakter" od. „Wille". Zu *o* siehe Anm. (5).

b) Die wörtliche Übersetzung „O (ihr) Zeiten, o (ihr) Sitten" bedarf einer Erklärung, die auf die Herkunft bzw. Überlieferung dieses Ausrufs zurückgeht. Er findet sich in der ersten Senatsrede von M. T. CICERO gegen Catilina, den er (zu Recht) einer Verschwörung bezichtigt. Aus diesem Zusammenhang versteht sich der Sinn als Klage über den Sittenverfall „in diesen Zeiten". In einer solchen Bedeutung wird der Ausruf auch heute noch gelegentlich verwendet.

c) *Tempus* ist als grammatikalischer Fachausdruck in Anm. (2) bereits eingeführt worden, *temporär* für „zeitlich" oder „nur vorübergehend" ist als Fremdwort nicht ungebräuchlich. **Moral** und **moralisch** stammen von *mos* ab und werden hier im Sinne des im Vorwort genannten Kriteriums als Lehnwörter ausgezeichnet.

16 *Vox populi, vox Dei*

a) *Vox, vocis* f. „Stimme" oder „Äußerung", *populus, populi* m. „Menge" od. „Volk", *Deus, dei* m. „Gott". Die Genetive deuten darauf hin, dass es sich um Objekte zum ersten bzw. zum zweiten *vox* handelt. Anstatt des Beistrichs wäre ein *est* angemessen.

b) „Stimme des Volkes, Stimme Gottes" in der Bedeutung „Die Stimme des Volkes ist die Stimme Gottes". Mit diesem von ihm nach antiken Vorbildern geprägten lat. Spruch ermahnte Petrus von Blois die ihm unterstellte Geistlichkeit, die Meinungsäußerungen von Gemeindemitgliedern ernstzunehmen. Heutzutage kürzen gläubige Demokraten damit die Behauptung ab, dass das, was ein Volk bzw. die Mehrheit will, mit dem Willen Gottes übereinstimmt. Aber auch für Atheisten mag sich in dem Spruch abbilden, dass die Mehrheit immer Recht hat. Dem steht die u. a. von Goethe vertretene Meinung entgegen, wonach das Gescheite immer in der Minderheit ist.

c) *Populär* für „volkstümlich", *Popularität* für „Volkstümlichkeit" oder „Beliebtheit" und *Population* für die Gesamtheit der Lebewesen einer Art gehen auf *populus* zurück. Ebenso der *Populist,* der dem Volk „nach dem Mund redet", neuerdings das negative Gegenstück zu dem aus dem Griechischen stammenden *Demokraten,* der sich aber ebenfalls nach dem Volkswillen richten muss.

17 *Lupus in fabula* und *Advocatus diaboli*

a) *Lupus, lupi* m. „Wolf"; *fabula, fabulae* f. „Gerede", „Erzählung", „Märchen" od. „Fabel", *in fabula* (Ablativ) „in der Fabel" gemäß Anm. (5). *Advocatus, advocati* m. „Beistand", „Anwalt", insbes. „Rechtsanwalt"; *diabolus, diaboli* m. „Teufel".

b1) Die wörtliche Übersetzung „Der Wolf in der Fabel" sollte um ein vorangestelltes „Wie" erweitert werden. Die Wendung kommt mehrfach in der röm. Literatur vor, u. a. bei CICERO, und drückt das Erstaunen über das unvermutete (und oft auch unerwünschte) Auftauchen einer Person aus, über die man gerade geredet hat. Im Deutschen gibt es dafür die Wendung: „Wie man vom Teufel spricht".

b2) „Anwalt des Teufels" wurde ursprünglich nur jener Kleriker genannt, der Einwände gegen eine Selig- oder Heiligsprechung einzubringen hat, wie das bei entsprechenden Prozessen im Kirchenrecht vorgesehen ist. Heutzutage wird der Begriff auf alle Personen erweitert, die eine Behauptung anzweifeln und Einwände dagegen vorbringen.

c) Leicht zu erkennen ist die deutsche **Fabel** ein von *fabula* abgeleitetes Lehnwort. Der *Advokat* ist ein gebräuchliches Fremdwort für einen Rechts- oder Staatsanwalt, und gelegentlich wird das Adjektiv *diabolisch* für „teuflisch" verwendet.

18 *Casus belli* und *Genius loci*

a) *Casus, casus* m. „Fall" im Sinne von „Sturz", aber auch von „Vorfall" od. „Gegebenheit"; *bellum, belli* n. „Krieg", „Schlacht" od. „Kampf". *Genius, genii* m. „Schutzgeist", *locus, loci* m. „Ort", „Platz" od. „Stelle".

b) Der (gegebene oder nicht gegebene) „Fall des Krieges", besser „Anlass für einen Krieg" od. „Kriegsgrund" und der „Schutzgeist des Ortes" sind zwei in ihrer lat. Form gern gebrauchte Floskeln. Dabei wird mit dem *casus belli* eine Drohung verbunden, die aber heutzutage meistens nicht militärischer Art ist. Der *genius loci* ist für Salzburg W. A. Mozart, für Bayreuth ist es Richard Wagner."

c) **Kasus** ist als grammatikalischer Fachausdruck bereits in Anm. (1) genannt worden. Der **Genius** als Bezeichnung für einen hervorragenden Geist, das **Genie**, **genial** und der **Ingenieur** sind geläufige Fremdwörter. Das lat. *lokal* hat das deutsche „örtlich" nahezu verdrängt, z. B. dies oder das ist nur von lokaler Bedeutung. Und selbstverständlich leiten sich von *locus* auch das **Lokal** und der **Lokus** ab; letzteres Wort wird gelegentlich noch als Synonym für das „stille Örtchen" benützt.

19 *Summa summarum* und *Curriculum vitae*

a) *Summa, summae* f. „Hauptsache", „Gesamtzahl", „Summe" od. „Alles", *summarum* ist der Genetiv P., siehe Tabelle in Anm. (14). *Curriculum, curriculi* n. „Lauf", sowohl „Wettlauf" als auch „Verlauf", „Umlauf" od. „Kreisbahn"; *vita, vitae* f. „Leben", auch „Lebensweise".

b) Auch diese beiden lat. Floskeln werden von Bildungsbürgern gern synonym für „Alles in Allem" (wörtlich: „Summe der Summen") bzw. „Lebenslauf" (wörtlich: „Verlauf des Lebens"), vor allem für die schriftliche Beschreibung eines solchen, verwendet.

c) Für die **Summe** als Ergebnis einer Addition gibt es im Deutschen gar kein anderes Wort. Gelegentlich wird mit *Vita* allein die Lebensgeschichte eines Menschen bezeichnet, das Adjektiv *vital* für „lebendig" ist gut eingeführt.

Teil 2: Eigenschaftswörter

(16) *Adjektiva* – einschließlich der auch als *Verbaladjektiva* bezeichneten Mittelwörter nach Anm. (2) und der Gerundiva nach Anm. (23) – finden entweder als Beifügungen, lat. *Attribute*, von Hauptwörtern oder, zusammen mit einer Form des Hilfszeitworts *esse* „sein", als *Prädikatsadjektiva* zur Formulierung einer Satzaussage Verwendung, können aber auch substantivisch gebraucht werden. Beispiel: Der fleißige Schüler, der Schüler ist fleißig, der Fleißige. Während im Deutschen Adjektiva auch adverbiell gebraucht werden können, z. B. der Schüler lernt fleißig, gibt es im Lateinischen für eine solche Verwendung eigene Formen (Teil 6).

(17) Adjektiva werden wie Substantiva nach Genus, Kasus und Numerus dekliniert, und zwar in Übereinstimmung mit dem zugehörigen Hauptwort. Zwei Beispiele im femininen Ablativ S. sind *bona fide* „in gutem Glauben" und *manu propria* „mit eigener Hand". Im Unterschied zum Deutschen deklinieren nicht nur Attribute, sondern auch Prädikatsadjektiva in Übereinstimmung mit dem Subjekt (Text 23 und 24).

(18) Viele Adjektiva beugen feminin nach der a-Deklination sowie maskulin und im Neutrum nach der o-Deklination, siehe die Tabelle in Anm. (14). Sie werden im „Stowasser", sofern maskulin auf *-us* auslautend, und in diesem Büchlein mit 3 gekennzeichnet. Alle anderen Adjektiva werden im Nominativ S. in der männlichen, weiblichen und sächlichen Form angegeben, z. B. *omnis* m., f., *omne* n. „all", „jeder" od. „ganz". Manche Adjektiva haben sogar nur einen Ausgang, z. B. *sapiens* m., f., n. „weise", im „Stowasser" und auch hier an der Angabe des Genetivs *sapiens, sapientis* erkennbar.

(19) Eine Besonderheit der Adjektiva ist ihre Steigerungsfähigkeit, lat. *Komparation*. In diesem Zusammenhang wird das Grund-Adjektiv als 1. Stufe oder *Positiv(us)* bezeichnet. Die 2. Stufe wird als *Komparativ(us)* und die 3. Stufe als *Superlativ(us)* bezeichnet. Die in Anmerkung (17) genannten Regeln gelten auch für den Komparativ und für den Superlativ.

(20) Wie im Deutschen, z. B. bei weit, weiter, am weitesten, lat. *altus* 3, *altior* (m., f.) bzw. *altius* (n.), *altissimus* 3 erfolgt die Komparation in der Regel durch das Beifügen der Endungen *-ior* (m. und f.) bzw. *-ius* (n.) an den Wortstock, aber es ist auch, wie etwa im Deutschen bei gut, besser, am besten, ein Stammwechsel möglich. Die entsprechenden lateinischen Vokabel lauten nämlich *bonus* 3, *melior* (m., f.) bzw. *melius* (n.), *optimus* 3. (Davon abgeleitet unser Fremdwort *optimal* für „bestens".) Alle Superlative deklinieren nach der o- bzw. a-Deklination.

21 *Perpetuum mobile*, *Misera plebs* und *Tabula rasa*

a) Vokabular und Grammatik: *Perpetuus* 3 „beständig", „dauernd"; *mobilis* m., f., *mobile* n. „beweglich", substantivisch gebraucht „das Bewegliche". *Miser* 3 „elend" od. „ärmlich"; *plebs, plebis* f. „Bürgerstand", „Menge", aber auch „Pöbel". *Tabula, tabulae* f. „Brett" od. „Tafel", hier in der Bedeutung „Wachstafel", worauf die Römer mit spitzem Griffel geschrieben und durch Glätten des Wachses die Schrift wieder gelöscht haben; *rasus* 3 „geglättet", siehe Anm. (26).

b) Übersetzung, Herkunft und/oder Sinn: „Das andauernd Bewegliche" bezeichnet einen Mechanismus, der sich dauernd und gleichförmig bewegt. Wie die Physik lehrt ist ein *Perpetuum mobile* ohne ständige Energiezufuhr von außen unmöglich. Der technische Fachausdruck findet sich erstmals in einem Buch von Caspar Schott (1657). *Misera plebs*, wörtlich „die ärmliche Menge", wird gelegentlich synonym für „das (all)gemeine Volk" verwendet, wenngleich schon bei HORAZ *(„Satiren")* die *misera plebs* nur die armen, wenn auch freien Bürger waren. Eine *Tabula rasa*, wörtlich „die geglättete Tafel", ist nach Albertus Magnus *(„De anima")* „ein Modell für das aufnahmebereite Verstandesvermögen" (wörtlich zitiert nach Klaus Bartels, siehe Literaturverzeichnis). Heute wird der Ausdruck in der Wendung *„tabula rasa"* machen" auch in der Bedeutung „reinen Tisch machen" verwendet.

c) Fremd- und Lehnwörter: ***Mobil*** sein für „beweglich" sein ist im deutschen Sprachgebrauch gut eingeführt, ebenso natürlich das ***Automobil***, das „Selbstbewegliche". (***Auto*** „selbst" ist eine altgriechische Vorsilbe.) **Miserabel** für „elend" od. „wirklich schlecht" ist ein gebräuchliches Fremdwort, ebenso **Plebiszit** für „Volksbefragung". Die **Plebejer** bildeten im alten Rom die große Mehrheit der Bürger, die zwar rechtlich gleichgestellt, aber politisch einflusslos neben den privilegierten **Patriziern** standen. Unsere **Tafel** kommt natürlich von *tabula*.

22 *Expressis verbis* und *Viribus unitis*

a) *Expressus* 3 „ausdrücklich", „deutlich", *verbum, verbi* n. „Wort", *verbis* ist nach Anm. (14) der Ablativ P. *Viribus* ist der Ablativ P. von *vis, vim* f. „Kraft"; *unitus* 3 „vereinigt", siehe Anm. (26).

b) Die zwei Texte sind neben den bereits in Anm. (17) genannten gute Beispiele für eine Verwendung des Ablativs, dessen Übersetzung ins Deutsche die Präpositionen „in", „mit" oder „durch" verlangt. Mit der Floskel *expressis verbis* wird darauf hingewiesen, dass eine bestimmte Aussage „wörtlich" zu nehmen ist, dass sie „mit deutlichen Worten" formuliert worden ist. „Mit vereinten Kräften" stellt auf Kooperation zwischen zwei oder mehreren Partnern ab. „Viribus unitis" war der Wahlspruch Kaiser Franz Josefs und auch das Flaggschiff des österr. Teiles der k. u. k. Kriegsmarine trug diesen Namen. (Das Flaggschiff der ungarischen Flotte war nach dem ersten christl. König der Ungarn „Szent Istvan" benannt.)

c) *Expressiv* ist als Fremdwort für „ausdrucksstark" in Verwendung und gibt der Kunstrichtung des *Expressionismus* den Namen. *Verbum* ist ein grammatikalischer Fachausdruck, siehe Anm. (1) und (21). *Unitas* ist u. a. der Name eines Himmelskörpers, eines Verlages und einer Versicherung; gelegentlich steht *uniert* für „vereinigt".

23 *Fortuna est caeca*

a) *Fortuna, fortunae* f. „Schicksal", „Glück", „Unglück", aber auch „Schicksalsgöttin" oder „Glücksgöttin"; *caecus* 3 „blind", „unsichtbar". Dieser vollständige Satz mit dem Subjekt *fortuna* ist ein erstes Beispiel für die Verwendung eines Adjektivs als (im Genus mit dem Subjekt übereinstimmendes) Prädikatsnomen.

b) Die Übersetzung „Die Schicksalsgöttin ist blind" dürfte den Sinn dieses römischen Sprichworts am besten treffen.

c) Als Glücksgöttin ist im deutschen Sprachschatz die Göttin *Fortuna* fest verankert. Im übrigen wird das französische Wort *fortune* f. (gespr. fortün mit der Betonung auf ü) für „Glück" gelegentlich auch im Deutschen als Fremdwort verwendet, z. B. „als Politiker fehlte ihm die notwendige Fortüne".

24 Mors certa, hora incerta

a) *Mors, mortis* f. „Tod" od. „Sterben", *certus* 3 „sicher" od. „gewiss"; *hora, horae* f. „Stunde", *incertus* 3 „unsicher" od. „ungewiss". Beide Adjektiva haben die Funktion von Prädikatsnomina und bilden, in Verbindung mit zu ergänzendem *est*, die Prädikate von zwei im Prinzip voneinander unabhängigen Sätzen.

b) „Der Tod ist (uns) sicher, die Stunde ungewiss" drückt zwar eine selbstverständliche Tatsache aus, kann aber doch als Lebensweisheit gelten, welche die Vergänglichkeit und das Unwägbare im menschlichen Dasein bewusst macht. Vielfach auf Uhren eingraviert ist die Herkunft dieses Spruchs nicht nachgewiesen.

c) Das *Zertifikat* geht (zusammen mit *facere* 3. „machen") auf *certus* zurück, indem eine Urkunde oder Bescheinigung etwas „sicher macht".

25 Carum est, quod rarum est

a) *Carus* 3 „teuer", „lieb" od. „wert"; *quod* „was" nach Anm. (3); *rarus* 3 „dünn", „einzeln" od. „selten". Auch in diesem Text gibt es zwei als Prädikatsnomina verwendete Adjektiva; die Funktion des zum Prädikat *carum est* gehörigen Subjekts nimmt der Nebensatz *quod rarum est* ein.

b) Die wörtliche Übersetzung lautet „Teuer ist, was selten ist"; gleichwertig und den Subjektsatz deutlicher hervorhebend wäre die Übersetzung: „Was selten ist, (das) ist teuer". Der Text nimmt die ganze moderne Marktwirtschaft mit ihrer von Angebot und Nachfrage bestimmten Preis- und Lohnbildung vorweg. Wahrscheinlicher ist allerdings, dass die Römer dabei *carus* in der Bedeutung „lieb und wert" verstanden wissen wollten.

c) Bei unseren Fremdwörtern fließt *carus* z. B. in die **Caritas** ein, die auch ein selbständiges Hauptwort ist, das lt. „Stowasser" sowohl „Teuerung" als auch „Liebe" bedeutet. *Rar* ist ein im deutschen Wortschatz gut eingebürgertes Synonym für „selten", während bei der **Rarität**, der „Seltenheit", der Fremdwortcharakter noch gut zu erkennen ist.

26 *Fundamentum totius Reipublicae est recta Iuventutis educatio*

a) *Fundamentum, fundamenti* n. „Grundlage", „Fundament". *Totius* (m., f., n.) ist der von der mit 3 angezeigten Deklinationsregel abweichende Genetiv von *totus* 3 „ganz"; *Reipublicae* ist der Genetiv der aus *res, rei* f. „Sache", „Gegenstand" und *publicus* 3 „dem Volke gehörig", „öffentlich", „allgemein" zusammengesetzten „öffentlichen Sache", wovon sich die Republik als Staatsform ableitet. *Rectus* 3 „gerade", „geradlinig", „richtig", „moralisch", „gut", „recht"; *educatio, educationis* f. „Erziehung". *Iuventus, iuventutis,* f. „Jugend". Satzbau: *Fundamentum* ist das Subjekt und *est (recta) educatio* ist das Prädikat. Dazu kommen zwei auf das Subjekt bzw. das Prädikatsnomen bezügliche Objekte im Genetiv.

b) Die Übersetzung lautet daher: „Das Fundament der ganzen Republik ist die rechte Erziehung der Jugend." Dieses M. T. CICERO in den Mund gelegte Wahrwort habe ich in genau dieser Schreibweise, also mit den groß geschriebenen Substativen *Reipublicae* und *Iuventutis* im Buch „Informatorium der Mutterschul" des tschechischen Pädagogen COMENIUS in einer Leipziger Reclam-Ausgabe von 1987 gefunden.

c) Nahezu jedes Wort in diesem Satz hat auf den deutschen Sprachschatz durchgeschlagen. Bei **Fundament**, **Republik** und **Edukation** ist das augenfällig, auch **total** (für „vollständig") ist gut eingebürgert.

Die Adjektiva **recht** und **richtig** gehen zweifellos auf *rectus* zurück; für „jugendlich" wird gelegentlich ***juvenil*** verwendet.

27 *Usus est magister optimus*

a) *Usus, usus* m. „Gebrauch", „Übung". *Magister, magistri* m. „der Höchste/Oberste/Größte"; gelegentlich wurde das Vokabel von den Römern aber auch in der Bedeutung „Lehrer" oder „Ratgeber" verwendet. *Optimus* 3 „der/die/das beste" od. „am besten" ist der Superlativ von *bonus* 3 „gut", siehe Anm. (20).

b) „Übung ist der beste Meister" ist ein Wahrwort, das im Prinzip dasselbe aussagt wie der bereits besprochene Text 12.

c) In der Floskel „Bei uns ist es ***Usus***" steht das Fremdwort für „Brauch". Der ***Magister*** ist ein akad. Titel, der viele Jahrhunderte hindurch im Lehrberuf, aber nicht nur dort, verwendet wurde und nun durch den ***Master*** ersetzt wird. Dieser stammt allerdings, so wie der ***Meister***, das ist ein Fachmann, der sein Metier gut beherrscht und daher auch lehrberechtigt ist, vom *magister* ab. *Optimus* ist in ***optimal,*** im ***Optimisten*** und im Zeitwort ***optimieren*** für „das Bestmögliche daraus machen" enthalten.

28 *Salus publica suprema lex*

a) *Salus, salutis* f. „Gesundheit", „Wohlfahrt", „Rettung", „Gruß"; *publicus* 3 „öffentlich". *Suprema* ist die weibliche Form des Superlativs *supremus* 3 von *superus* 3 „oben (befindlich)"; *lex, legis* f. „Vertrag", „Gesetz". Wieder einmal ist nach dem Prädikatsnomen *lex* ein *est* zu ergänzen bzw., wenn als Befehl formuliert, ein *esto!* „sei!".

b) Der lat. Text mit der Bedeutung „Das öffentliche Wohl ist/sei das höchste Gesetz(!)" wurde in einem Flugblatt zitiert, welches die Geschwister Scholl verteilt haben, was am 18. Februar 1943 zu ihrer Verhaftung und am 22. Februar 1943 zum Todesurteil und zur Exekution führte. Hans Scholl, Jahrgang 1918, war zunächst engagiertes Mitglied der HJ („Hitlerjugend"), Medizinstudent und 1942 Sanitäter an der Ostfront; anschließend gründete er an der Münchner Universität die gegen das NS-Regime gerichtete Widerstandsgruppe „Weiße Rose". Seine Schwester Sophie schloss sich der „Weißen Rose" an. Sie wurde 1921 geboren, war Mitglied des BDM („Bund deutscher Mädchen") sowie Studentin der Biologie und der Philosophie. Mit *populi* („des Volkes") anstelle von *publica* und *esto!* am Schluss findet sich der Spruch bereits bei CICERO, *„De legibus"*.

c) Mit **Salut** wird eine Form der Begrüßung oder Ehrung bezeichnet. Etwas **publik** machen heißt, es öffentlich zu machen; der Zusammenhang mit **Republik** ist schon erwähnt worden. **Super** ist als Modewort allgegenwärtig, als Präposition wird *super* in Anmerkung (54) behandelt. **Legislative** für Gesetzgebung, **Legislaturperiode** und das Adjektiv **legal** für rechtens leiten sich von *lex* ab. Das Fremdwort **Lexikon** kommt hingegen aus dem Griechischen.

29 *Non plus ultra*, *Ultima ratio* und *Vis maior*

a) *Non* „nicht" wurde schon in Anm. (5) als die wichtigste Negation angeführt. *Plus* „mehr" ist der Komparativ von *multum* „viel(es)". *Ultra* „darüber hinaus" od. „jenseits"; *ultimus 3* ist der von *ultra* abgeleitete Superlativ in der Bedeutung „äußerst", was sowohl „vorderst" oder „erst", als auch „hinterst" oder „letzt" bedeuten kann. *Ratio, rationis* f. „Vernunft", „Überlegung", „Argument", „Lehre" od. „Ansicht". *Vis, vim* f. „Kraft", „Macht" od. „Gewalt"; *maior* ist der maskuline und feminine Komparativ von *magnus 3* „groß", „hoch", „weit" usw.

b1) „Nicht mehr darüber hinaus" in der wörtlichen Übersetzung bezog sich in der Antike auf die Meerenge von Gibraltar, jenseits derselben man das Meer für unschiffbar hielt und damit die Alte Welt zu Ende war. Heute bedeutet das zum festen Begriff erhobene *Non plus ultra* etwas Unübertreffliches, Unüberbietbares.

b2) Wörtlich als „letzte Überlegung" oder „äußerste Lehrmeinung" übersetzt entspricht der *ultima ratio* am besten die deutsche Redewendung „Der Weisheit letzter Schluss". *Vis maior* „höhere Gewalt" ist z. B. ein nicht vorhersehbares Ereignis, für welches niemand verantwortlich/haftbar gemacht werden kann.

c) ***Plus*** hat als Rechenzeichen bei der Addition einen festen Platz und natürlich leitet sich auch der ***Plural*** davon ab. Als ***Ultras*** werden gelegentlich politische Gruppen mit extremen Ansichten bezeichnet. Die Abkunft eines ***Ultimatums*** für eine letzte Warnung und des ***Ultimo*** für den Monatsletzten von *ultimus* ist augenscheinlich, ebenso wie ***ultimativ*** für „äußerst". Die ***Ratio*** kommt sowohl als Fremdwort für Vernunft wie auch in der adjektivischen Form ***rational*** für vernünftig im deutschen Fremdwörterwortschatz zu Ehren. Der Dienstgrad ***Major*** („der Höhere") und der Familienname **Maier** (auch mit e statt a, y statt i und unterdrücktem e) leiten sich von *maior* ab.

Teil 3: Zeitwörter

(21) Die große Bedeutung der Zeit- oder Tätigkeitswörter manifestiert sich allein schon dadurch, dass sie im Lateinischen **Verba**, also „die Wörter" schlechthin, genannt werden. Ihre Beugung wird als **Konjugation** bezeichnet, deren Merkmale sind bereits in Anm. (2) angegeben worden. Die große Mehrheit der Verbalformen bezeichnet eine bestimmte Person, nämlich entweder die 1. Person (sprechend), die 2. Person (angesprochen) oder die 3. Person, wenn von jemandem oder etwas die Rede ist.

(22) Unter den bereits in Anm. (2) genannten „unpersönlichen" **Nominalformen** seien zunächst der **Infinitiv Präsens aktiv** (z. B. gehen, loben, denken, handeln) und das **Partizip Präsens** (z. B. gehend, lobend, denkend, handelnd) genannt. Der Infinitiv Präsens aktiv ist bei den regelmäßigen Verba durch die Endungen -are, -ere oder -ire gekennzeichnet. Als lat. Beispiele für ein Partizip Präsens seien *stans* „stehend" (von *stare* 1. „stehen") und *tremens* „zitternd" (von *tremere* 3. „zittern") angeführt. Ersteres kommt in *stante pede* für „sofort" vor, wofür auch im Deutschen die Floskel „stehenden Fußes" in Gebrauch ist. (*Pes, pedis* m. „Fuß", *pede* ist ebenso wie *stante* der Ablativ S.) Letzteres bildet zusammen mit dem von *delirus* 3 „wahnsinnig" abgeleiteten *delirium* den med. Fachausdruck *Delirium tremens* („zitternder Wahn"). Weitere Beispiele enthält Text 77.

(23) Eine dritte Nominalform ist das **Gerundiv(um)**, wie das Partizip ein von einem Verbum abgeleitetes Adjektiv, also ein **Verbaladjektiv**, das eine Notwendigkeit zum Ausdruck bringt, im Deutschen z. B. „lobenswert", „auszuzeichnend", „zu bezahlend". Das Gerundiv kann attributivisch, z. B. „ein lobenswerter Schüler" oder „ein Schüler, der gelobt werden muss", aber auch als Prädikatsnomen gebraucht werden und ist dann (in Verbindung mit *est* oder *sunt*) als Befehl zu übersetzen, z. B. „ist zu loben!" (Beispiele dazu enthalten die Texte 39, 46, 53, 72 und 84.)

(24) Im Lateinischen unterscheiden wir fünf Konjugationen; zusätzlich gibt es auch noch unregelmäßige Verba. In diesem Büchlein

werden die regelmäßigen Verba nur im aktiven Präsens-Infinitiv unter Beifügung der zugehörigen Konjugation angegeben, und zwar so, wie diese in den neueren Ausgaben des „Stowasser" benannt sind: 1. Konjugation (a-Konjugation) mit der Infinitiv-Endung -are, 2. Konjugation (e-Konjugation) mit der Infinitiv-Endung -ere. Dieselbe Endung haben auch die Präsens-Infinitive der 3. (konsonantischen) Konjugation und der 3M-Konjugation (Mischkonjugation). Bei der 4. Konjugation (i-Konjugation) enden die Präsens-Infinitive auf -ire.

(25) Im Prinzip kommt man beim *Tempus* mit drei Zeiten aus und das sind auch die drei gebräuchlichsten Zeitstufen: die Vergangenheit, lat. *Perfekt*, die Gegenwart, lat. *Präsens*, und die Zukunft, lat. *Futur*. Daneben haben sich allerdings, im Lateinischen wie im Deutschen, zwei weitere Vergangenheitsformen und eine zweite Zukunftsform entwickelt: Die Mitvergangenheit, lat. *Imperfekt* („nicht abgeschlossene Vergangenheit"), ist im Deutschen vorwiegend als Erzählform, lat. (episches) *Präteritum*, in Verwendung. Die Vorvergangenheit, lat. *Plusquamperfekt*, drückt aus, dass eine Handlung bereits in der Vergangenheit abgeschlossen wurde. Die Vorzukunft (od. vollendete Zukunft), lat. *Futur exakt*, drückt aus, dass in der Zukunft eine Handlung bereits abgeschlossen oder ein Geschehen bereits vergangen sein wird.

(26) Im Deutschen gibt es drei *Hilfsverba*, nämlich „haben", „sein" und „werden". Sie sind in Verbindung mit Nominalformen, insbesondere dem Infinitiv Präsens aktiv und dem *Partizip Perfekt* (z. B. gegangen, gelobt, gedacht, gehandelt) zur Bildung von Perfekt und Futur unerlässlich. Beispiele: Ich bin gegangen, du hast gelobt, er hat gehandelt, wir sind schwimmen gewesen; ihr werdet sehen, sie werden einschlafen. Dasselbe gilt auch für aktive und passive Infinitive der Vergangenheit oder Zukunft, z. B. gehandelt haben, gelobt worden sein, einschlafen werden, gelobt werden werden, und für die Partizipia. Im Lateinischen ist lediglich das unregelmäßige Verbum *esse* „sein" als Hilfsverb unerlässlich; die im Deutschen notwendigen Konstruktionen werden weitgehend vermieden bzw. durch eine Vielzahl verschiedener Endungen ersetzt. Insbesondere gibt es beim Partizip Perfekt für aktiv und passiv verschiedene Endungen, im Deut-

schen nicht (z. B. gequält haben, gequält worden sein), wobei das *Partizip Perfekt Passiv* (PPP) die wichtigere Rolle spielt. Das PPP von *radere* 3. „glätten" , nämlich *rasus* 3 „geglättet", wurde bereits bei Text 21, jenes von *unire* 4. „vereinigen", nämlich *unitus* 3 „vereinigt", wurde bereits bei Text 22 verwendet.

(27) Auch das Plusquamperfekt, z. B. ich hatte gedacht, du warst gegangen, und das Futur exakt, z. B. er wird gelitten haben, wir werden schwimmen gewesen sein, wird im Deutschen mittels Hilfsverba und Nominalformen gebildet. Lediglich das Imperfekt hat auch im Deutschen eigenständige Formen entwickelt, z. B. ich dachte, du gingst, er litt. Daher wird ihm umgangssprachlich meistens das leichter zu bildende Perfekt vorgezogen.

(28) Neben der Person, dem Numerus und dem Tempus drücken die Verbalformen auch noch den **Modus** und, zumindest bei einem Teil der Verba, die Zustandsform (aktiv oder passiv) aus. Hinsichtlich der Aussageweise ist, wie im Deutschen, zwischen dem *Indikativ* (der Wirklichkeitsform, z. B. du liest, wir sind ermahnt worden), dem *Konjunktiv* (der Möglichkeitsform, z. B. du lesest, wir wären ermahnt worden) und dem *Imperativ* (der Befehlsform, z. B. S. lies!, P. lest!) zu unterscheiden. Bekannte lat. Beispiele für den Imperativ sind der Ordensspruch der Benediktiner *Ora et labora!* „Bete und arbeite!" und das Motto jedweder Machtpolitik *Divide et impera!* „Teile und herrsche!" im Sinne von „Entzweie, um zu herrschen!".

(29) Wie bereits in Anm. (3) angedeutet, beinhalten die bestimmten Verbalformen im Lateinischen auch die zugehörigen Personalpronomina bzw. bleiben diese i. A. unausgedrückt. Das gilt vor allem für die 1. und 2. Person, während in der 3. Person an die Stelle des Fürworts i. A. ein konkreter Begriff tritt. Da persönliche Fürwörter auch als Subjekte in Frage kommen, kann ein vollständiger lateinischer Satz aus nur einem Wort bestehen, siehe *volvo* in Text 32.

31 *Fui quod es. Eris quod sum.*

a) Vokabular und Grammatik: Das Hilfsverbum *esse* „sein" ist ein unregelmäßiges Verbum, dessen je drei Personen des Singular und des Plural im Ind. Präsens, im Ind. Perfekt und im Ind. Futur wie folgt lauten:

sum ich bin	fui ich bin gewesen	Ero ich werde sein
es du bist	fuisti du bist gewesen	Eris Du wirst sein
est (er/sie/es) ist	fuit (er/sie/es) ist gewesen	erit (er/sie/es) wird sein
sumus wir sind	fuimus wir sind gewesen	erimus wir werden sein
estis ihr seid	fuistis ihr seid gewesen	eritis ihr werdet sein
sunt (sie) sind	fuerunt (sie) sind gewesen	erunt (sie) werden sein

Auffällig ist der <u>Stammwechsel</u> vom Präsens zum Perfekt und dann wieder zum Futur. Ein solcher Stammwechsel kommt aber auch z. B. im Deutschen und im Englischen, allerdings zwischen Präsens und Imperfekt, gelegentlich vor: ich bin, ich war; *I am, I was; I go, I went*.

b) Übersetzung, Herkunft und/oder Sinn: Außer *quod* „was" sind alle Vokabel der Tabelle zu entnehmen und die Übersetzung lautet: „Ich bin gewesen, was du bist. Du wirst sein, was ich bin." Dieser (ein leichtes Rätsel aufgebende) Spruch steht auf der Abtgruft des Stiftes Kremsmünster in Oberösterreich.

32 *Audi*, *Fiat* und *Volvo*

a) *Audi* ist der Imperativ S. von *audire* 4. „hören" od. „horchen" und daher mit „Höre!" oder auch mit „Horch!" zu übersetzen. *Fiat* ist die 3. Person S. Präsens Konj. aktiv des unregelmäßigen Verbs *fieri* „werden", „entstehen", „geschehen" oder „eintreten" und steht daher für „Er/sie/es werde" oder „Er/sie/es möge entstehen/geschehen". *Volvo* ist die 1. Person S. Präsens Ind. aktiv von *volvere* 3. „wälzen" od. „rollen". Zufolge der Inklusion der Personalpronomina in den lateinischen Verben ist das ein vollständiger Satz: „Ich rolle".

b) Hinschtlich *Audi* besteht der Bezug darin, dass der Gründer der Firma ein deutscher Autopionier namens Horch (1868 – 1951) war. Und *Fiat* steht in Wahrheit für *Fabbrica Italiana Automobili Torino*.

c) Fremd- und Lehnwörter: *Audi-* tritt in zahlreichen Fremdwörtern auf, die mit dem Hören zu tun haben: ***auditiv*** „das Gehör betreffend", ***Audienz*** „Unterredung", ***Auditorium*** „Hörerschaft" od. auch „Hörsaal", ***audiovisuell*** „das Hören und Sehen betreffend" (*videre* 2. „sehen"), ***Audiothek*** „Tonträger-Laden".

33 *Veni, vidi, vici* und *Quod scripsi, scripsi*

a) *Venire* 4. „(heran)kommen"; *videre* 2. „sehen", „erblicken"; *vincere* 3. „(be)siegen". Bei allen drei Formen handelt es sich um die 1. Person S. Perfekt Ind. aktiv. *Quod* „was", *scripsi* ist die 1. Person S. Perfekt Ind. aktiv von *scribere* 3. „schreiben".

b1) Die wörtliche Übersetzung lautet daher: „Ich bin gekommen, ich habe gesehen, ich habe gesiegt." Im Deutschen wird bei der Übersetzung das Imperfekt „Ich kam, sah uns siegte" bevorzugt und diese Floskel im Zusammenhang mit einer rasch entschlossenen erfolgreichen Vorgehensweise gebraucht. Das Original wird Gaius Iulius CAESAR in Hinsicht auf seinen schnellen Sieg über König Pharnakes II. von Bosporos im Pontischen Krieg (47 v. Chr.) zugeschrieben.

b2) „Was ich geschrieben habe, (das) habe ich geschrieben." Der lat. Text findet sich in der *„Vulgata"* (von *vulgatus* 3 „verbreitet" od. „bekannt"), einer seit dem Konzil von Trient (1546) als authentisch geltenden lat. Bibelübersetzung, und zwar im Johannes-Evangelium. Er wird dem röm. Statthalter Pontius Pilatus als Antwort auf das Ansinnen von jüdischen Hohepriestern in den Mund gelegt, welche den Text über dem Kreuz Jesu *Iesus Nazarenus Rex Iudaeorum* (abgekürzt *INRI*), „Jesus von Nazareth, der König der Juden", abgeändert sehen wollten, weil sie darin eine unzulässige Aufwertung des ihnen Verhassten sahen. Dem Sinn nach gleiche Wendungen sind im Deutschen „Da fährt der Zug d'rüber" oder (beim Kartenspiel) „Was liegt, das pickt".

c) *Visuell* „das Sehen betreffend" ist bereits in Text 32, Abs. c) genannt worden; in einer *Videothek* kann Bildmaterial (z. B. auf DVD-Scheiben) angeschaut und erworben werden. Von *vincere* leiten sich das engl. Vokabel *victory* für „Sieg" sowie die Vornamen **Viktor** und **Viktoria**, von scribere das *Skriptum* ab.

34 *Variatio delectat* und *Pecunia non olet*

a) *Variatio, variationis* f. „Verschiedenheit", hier besser „Abwechslung"; *delectare* 1. „unterhalten", „(sich) erfreuen". *Pecunia, pecuniae* f. „Geld", „Vermögen", „Reichtum"; *non* „nicht"; *olere* 2. „riechen", „stinken". Beide Texte sind erste Beispiele für einfachste vollständige Sätze mit eigenständigem Subjekt, bei dem Vollverba (in der 3. Person S. Präsens Ind. aktiv) die Prädikate bilden.

b) Die Übersetzungen lauten „Abwechslung erfreut" bzw. „Geld stinkt nicht". Letzteres wird auch im Deutschen gebraucht und damit zum Ausdruck gebracht, dass man es Geld und Vermögen nicht ansieht bzw. nicht „anriecht", woher sie kommen. In der Kurzform *non olet* wird der lat. Text Kaiser Vespasian als Antwort auf Vorhaltungen wegen der Einführung einer Urinsteuer in den Mund gelegt.

c) *Variationen* für verschiedene Spielarten desselben Grundmusters und sich *delektieren* für „sich erfreuen" oder „sich vergnügen" sind als Fremdwörter nicht ungebräuchlich; seltener schon kommt *pekuniär* für „geldlich" oder „finanziell" zum Einsatz.

35 *Manus manum lavat* und *Similis simili gaudet*

a) *Manus, manus* f. „Hand" ist das Subjekt, *manum* ist ein Objekt im Akkusativ S.; *lavare* 1. „waschen" od. „befeuchten", *lavat* ist die 3. Person S. Präsens Ind. aktiv „(er/sie/es) wäscht". *Similis* m., f., *simile* n. „ähnlich", „gleichartig" od. „gleich", *simili* ist der Dativ S., aber auch der hier besser passende Ablativ S. *Gaudere* 2. „froh sein", „sich freuen", *gaudet* ist die 3. Person S. Praesens Ind.

b) „Eine/die Hand wäscht eine/die Hand". Der lat. Text geht auf einen älteren griech. Spruch zurück. Im Deutschen lautet das Sprichwort: „Eine Hand wäscht die andere", womit zum Ausdruck gebracht wird, dass ein erwiesener Gefallen nach einer Gegenleistung verlangt. Beim zweiten Satz ist es für eine sinnvolle Übersetzung notwendig, das Adjektiv *similis* substantivisch aufzufassen. Der Satz lautet dann „Der Gleiche erfreut sich am Gleichen", was dem deutschen Sprichwort „Gleich und gleich gesellt sich gern" entsprechen dürfte.

c) *Manus* bzw. *manu* taucht in mehreren gängigen Fremdwörtern auf, z. B. (in Verbindung mit *scribere* 3. „schreiben") beim **Manuskript** (Handschrift, heutzutage aber auch für nicht handschriftliche persönliche Texte verwendet) und (in Verbindung mit *facere* 3M „machen") bei der **Manufaktur** (Handarbeit, Bezeichnung einer Betriebsform). Das **Faksimile** ist eine Abschrift, die nach Inhalt und Form der Urschrift gleicht. Nur mehr selten wird das Fremdwort **Gaudium** für eine ausgelassene Stimmung oder ein lustiges Ereignis verwendet. Die **Gáude** oder **Gaudé** (wienerisch) und die **Gáudi** (bayrisch) sind dagegen feste Bestandteile der süddeutschen Umgangssprache.

36 *Verba docent, exempla trahunt*

a) *Verba* „Wörter", hier „Worte"; *docere* 2. „lehren" od. „unterrichten". *Exemplum, exempli* n. „Abschrift", „Vorbild" od. „Beispiel"; *trahere* 3. „(an sich) ziehen", hier „mitreißen". Beide Verba stehen hier in der 3. Person P. Präsens Ind. aktiv.

b) „Worte belehren, Beispiele reißen mit." Die Quelle ist nicht nachgewiesen, doch findet sich schon bei SENECA die pädagogische Weisheit, dass Vorbild und gutes Beispiel bildungswirksamer sind als bloße Belehrungen.

c) **Dozieren** für „lehren" od. „vortragen" und der **Dozent,** aber auch der **Doktor**, in seiner ursprünglichen Bedeutung „Lehrer", gehen auf *docere* zurück. *Exempel* für „Beispiel" ist ein geläufiges Fremdwort, ein *Exempel statuieren* (mit *statuere* 3. „hinstellen", „errichten" od. „anordnen") bedeutet allerdings eher eine (Straf-)Maßnahme zu treffen als ein Beispiel zu geben.

37 Carpe diem! Cave canem! Sapere aude!

a) *Carpere* 3. „zerreißen", „abreißen", „pflücken", aber auch „genießen"; *cavere* 2. „beachten" im Sinn von „sich vorsehen" od. „sich hüten"; *audere* 2. „begierig sein", „Lust haben" od. „wagen". *Carpe, cave* und *aude* sind die zugehörigen S-Imperative, also „genieße!", „beachte!" bzw. „wage!". *Dies, diei* m. f. „Tag", „Tageslicht"; *canis, canis* m. „Hund"; *diem* und *canem* sind die zugehörigen S-Akkusative. *Sapere* 3M „verstehen", „verständig sein" od. „klug sein".

b) „Genieße den Tag!" ist ein im lat. Original bei HORAZ *(„Oden")* vorkommendes Lebensmotto, vor der Sorge um die Zukunft nicht die Freuden des Heute zu vergessen. „Beachte den Hund!", besser „Hüte dich vor dem Hund!" stand im lat. Original als Inschrift auf (u. a. in Pompeji freigelegten) Fußbodenmosaiken in röm. Hauseingängen. *Sapere aude!* ist das Motto der europäischen Aufklärung schlechthin: „Wage (es), zu verstehen!" im Sinne von „Wage es, deinen Verstand zu gebrauchen!"

c) Das **Diarium** für „Tagebuch" und die **Diäten** („Taggelder") gehen auf *dies* zurück. Die **Diät** leitet sich hingegen aus dem griechischen Wort für „Lebensweise" ab.

38 *Errare humanum est* und *Alea iacta est*

a) *Errare* 1. „herumirren", aber auch „sich verirren" od. „sich irren"; *humanus* 3 „menschlich", aber auch „freundlich" od. „gebildet". *Alea, ae* f. „Würfel"; *iacere* 3M „(hin)werfen", „schleudern"; *iacta* ist das feminine PPP, also mit „geworfen worden" zu übersetzen. Beide Texte sind Beispiele für die Verwendung von Nominalformen im Satzgefüge, nämlich eines Infinitivs als Subjekt und eines PPP als Prädikatsnomen.

b1) „Irren ist menschlich" bedarf keiner weiteren Erklärung. Die heute geläufige knappe Fassung des lat. Textes ist aus der Antike nicht überliefert, der zugrunde liegende Gedanke findet sich aber schon bei den Griechen.

b2) Der zweite Text findet sich wörtlich bei SUETON *("Caesar")*, die Übersetzung lautet „Der Würfel ist geworfen (worden)" im Sinne von „Das Wagnis ist eingegangen". Sueton schreibt diesen Ausspruch dem CAESAR zu, der nach PLUTARCH *("Pompeius")* ein entsprechendes griechisches Sprichwort zitiert haben soll, als er im Jahr 49 v. Chr. den Rubikon überschritt, wodurch der Bürgerkrieg zwischen seiner Partei und der des Gnaeus Pompeius ausgelöst worden ist. In der deutschen Version des Spruchs „Die Würfel sind gefallen" wird nicht nur die Mehrzahl bevorzugt, sondern der Unterschied besteht auch darin, dass diese Version auf einen bereits abgeschlossenen Vorgang anspielt, während im griech. Original wie auch im Sueton-Text der Würfel möglicherweise erst durch die Luft fliegt, also noch nicht gefallen ist.

c) Das zum Verbum *errare* gehörige Substantiv *error, erroris* m. ist direkt ins Englische eingegangen. **Human** hat für sich und als Vorsilbe (z. B. bei **Humanmedizin**) im deutschen Wortschatz einen festen Platz. Auch die Geistesströmung des **Humanismus** leitet sich davon ab.

39 *Pacta sunt servanda*

a) *Pactum, pacti* n. „Übereinkunft", „Vertrag"; *sunt* „sind"; *servare* 1. „beobachten", „bewachen", „hüten", „einhalten". *Servanda* ist der Nominativ P. des zu *servare* gehörigen Gerundivs – siehe Anm. (23) – *servandus* 3 und hier als Prädikatsnomen gebraucht, daher (in Verbindung mit *sunt*) als „sind einzuhalten" od. „müssen eingehalten werden" zu übersetzen.

b) „Verträge sind einzuhalten" ist ein in einem Rechtsstaat unabdingbarer Grundsatz. Der Gedanke findet sich zwar schon in der Antike, das wörtliche lat. Zitat ist aber nicht überliefert.

c) **Pakt** für Vereinbarung ist im Deutschen gut eingeführt, auch das zugehörige Zeitwort **paktieren** ist in Gebrauch. Die **Pacht**, **pachten** und der **Pächter** sind auf *pactum* zurückgehende Lehnwörter. Auf das von *servare* abgeleitete *reservare* 1. „erhalten", „aufsparen" gehen die **Reserve**, das **Reservat** und das **Reservoir** zurück.

Teil 4: Fürwörter und Zahlwörter

(30) Die lat. Grammatik von Gaar-Schuster unterscheidet acht Arten von **Pronomina**, wovon die Personalpronomina, die Possessivpronomina und die Relativpronomina bereits in Anmerkung (3) genannt worden sind. Schon dort ist vermerkt, dass die Personal- und die Possessivpronomina im Lateinischen unterdrückt werden, wenn sie sich von selbst verstehen.

(31) Bei den **Personalpronomina** hat das Lateinische nur für die 1. und 2. Person eigene Vokabel. Für die 3. Person wird das Demonstrativpronomen *is/ea/id*, siehe Anm. (34), verwendet.

	Singular (S.)		Plural (P.)	
1.	*ego* ich	*tu* du	*Nos* wir	*vos* ihr
2.	*mei* meiner	*tui* deiner	*nostri/nostrum* unser	*vestri/vestrum* euer
3.	*mihi* mir	*tibi* dir	*Nobis* uns	*vobis* euch
4.	*me* mich	*te* dich	*Nos* uns	*vos* euch
6.	*a me* von mir	*a te* von dir	*a nobis* von uns	*a vobis* von euch
6.	*mecum* mit mir	*tecum* mit dir	*nobiscum* mit uns	*vobiscum* mit euch

(32) Ein **Reflexivpronomen** vertritt das Subjekt des gleichen Satzes in einem abhängigen Kasus. Für die 1. und 2. Person werden die entsprechenden Formen und Fälle des Personalpronomens verwendet. Nur in der 3. Person hat das Reflexivpronomen eine eigene Form, wobei Singular und Plural gleich deklinieren: Im Genetiv *sui* „seiner" (S.) od. „ihrer" (S., P.), im Dativ *sibi* „sich", im Akkusativ *se* „sich" und im Ablativ *a se* „von sich" und *secum* „mit sich". Beispiele für Reflexivpronomina sind *laudo me* „ich lobe mich" und *multi se laudant* „viele loben sich", für Personalpronomina *multi me laudant* „viele loben mich" und *laudo te* „ich lobe dich".

(33) Der 2. Fall der Personalpronomina ist dem Sinn nach besitzanzeigend, von ihm leiten sich die geschlechtsabhängigen **Possessivpronomina** (z. B. *meus/mea/meum* „mein/meine/mein") ab. Sie deklinieren wie die meisten Adjektiva, siehe Anm. (18), und werden vielfach auch adjektivisch gebraucht, vor allem im Plural aber auch substantivisch, z. B. *mei* „die Meinen".

(34) Wichtige hinweisende Fürwörter, lat. **Demonstrativpronomina**, sind *hic* „dieser", aber als Adverb „hier", *haec* „diese", *hoc* „dieses", sowie *is/ea/id*. Letztere werden als Ersatz für „er/sie/es" verwendet, können aber auch für die deutschen Artikel „der/die/das" stehen, wenn eine besondere Betonung darauf gelegt werden soll. Weitere Demonstrativpronomina enthalten die Texte 43 und 82.

(35) Die wichtigsten bezüglichen Fürwörter, lat. **Relativpronomina**, sind *qui* „welcher" od. „wer", *quae* „welche", aber nicht „wie", *quod* „welches" od. „was". Sie werden auch als fragende Fürwörter, lat. **Interrogativpronomina**, verwendet. (Unterschied: Ein Mann, welcher gesucht wird. Welcher Mann wird gesucht?) Anstelle von *qui?* und *quod?* kommt bei substantivischem Gebrauch *quis?* „wer?" bzw. *quid?* „was?" in Frage. *Quis* und *quid* sind auch als unbestimmte Fürwörter, lat. **Indefinitpronomia**, substantivisch für „jemand" bzw. „etwas" in Gebrauch. Beispiele zu wechselbezüglichen Fürwörtern, lat. **Korrelativpronomina**, enthält Text 44.

(36) Wesentlich übersichtlicher und einfacher geht es bei den **Numeralia** zu. Die beiden wichtigsten Gruppen sind die Grund- oder Kardinalzahlen, lat. **Kardinalia**, und die Ordnungszahlen, lat. **Ordinalia**. Bei den Grundzahlen (1, 2, 3, ...) werden überhaupt nur die ersten drei, die Hunderterzahlen ab 200 (*ducenti, -ae, -a*) und der Plural von 1000 dekliniert. Die Ordnungszahlen („der/die/das erste" usw.) werden gemäß der Tabelle von Anmerkung (14) dekliniert. In der folgenden Tabelle werden auch noch die **Multiplikativa** (einmal, zweimal usw.) angegeben. Wem die Namen der Kardinalzahlen von 1 bis 10 im Italienischen bekannt sind, dem wird die große Ähnlichkeit mit den zugeordneten lat. Vokabeln sofort auffallen. Auch unter den deutschen Zahlennamen befinden sich Lehnwörter mit lat. Ursprung, z. B. **drei, sechs, sieben, acht** und **neun**.

	Kardinalia	Ordinalia	Multiplikativa
1	*unus, una, unum*	*primus* 3	*semel*
2	*duo, duae, duo*	*secundus* 3	*bis*
3	*tres, tres, tria*	*tertius* 3	*ter*
4	*quattuor*	*quartus* 3	*quater*
5	*quinque*	*quintus* 3	*quinquies*
6	*sex*	*sextus* 3	*sexies*
7	*septem*	*septimus* 3	*septies*
8	*octo*	*octavus* 3	*octies*
9	*novem*	*nonus* 3	*nonies*
10	*decem*	*decimus* 3	*decies*
100	*centum*	*centesimus* 3	*centies*
1000	*mille*	*millesimus* 3	*millies*

Die lateinischen Zahlzeichen C und M für 100 bzw. 1000 leiten sich von *centum* bzw. *mille* ab.

(37) Die Kardinalzahlen werden meist adjektivisch gebraucht, z. B. *unum verbum* „<u>ein</u> Wort", *duae feminae* „zwei Frauen", gelegentlich aber auch substantivisch. Immer Substantiv ist der (deklinierbare) Plural von 1000: *milia* „Tausende". (2. Fall *milium*, 3. und 6. Fall *milibus*, 4. Fall *milia*.)

41 *Alter ego* und *Suum cuique*

a) Vokabular und Grammatik: *Alter, altera, alterum* „eine(r) von zweien" oder „der/die/das andere". *Ego* „ich" ist hier substantivisch gebraucht. Ebenso *suum* „das Seine" (Neutrum des Possessivpronomens *suus* 3 „sein" bzw. „ihr") und *cuique* „Jedem" (Dativ des Indefinitpronomens *quisque* „jeder").

b) Übersetzung, Herkunft bzw. Sinn: „Ein zweites/anderes Ich" meint urtümlich einen (vor allem) seelenverwandten Menschen, den besten Freund; bei gewissen Naturreligionen kann damit aber auch ein Tier oder sogar eine Pflanze gemeint sein. In der Psychoanalyse Sigmund Freuds bedeutet *alter ego* das „Es". Die lat. Formel findet sich, ebenso wie *suum cuique* („Jedem das Seine") u. a. bei CICERO.

c) Fremd- und Lehnwörter: *Alternativ(e)* und *alternierend* („abwechselnd") kommen von *alternus* 3 „abwechselnd", „gegenseitig", was von *alter* abstammt. Der *Egoist* („Ich-Mensch") ist im Deutschen gut eingebürgert, *Ego* allein wird bisweilen für „das Ich" verwendet, z. B. „Das wird seinem Ego gut tun" für „Das wird sein Selbstbewusstsein stärken".

42 *Cuius regio, eius religio* und *Cui bono?*

a) *Cuius* „wessen" und *eius* „dessen" sind die (gemeinsamen) Genetive S. von *qui/quae/quod* bzw. *is/ea/id*, siehe Anm. (34). *Regio, regionis* f. „Gegend", „Landschaft", „Gebiet"; *religio, religionis* f. „Rücksicht", „Gewissenhaftigkeit", „Frömmigkeit", davon abgeleitet „Religion" und „Glaubensbekenntnis". *Cui* „wem (gehörig)" ist der (gemeinsame) Dativ S. von *qui/quae/quod*, Anm. (34); *bono* ist der Dativ S. von *bonum, boni*, n. „das Gute", „die Tugend", „Hab und Gut", „der Nutzen". Das Substaniv *bonum* ist natürlich vom Adjektiv *bonus* 3 abgeleitet.

b1) „Wessen das Gebiet dessen Religion (soll gelten)." Auf die zitierte lat. Formel, zunächst aber in einer weniger einprägsamen Formulierung, einigte man sich beim Augsburger Religionsfrieden von 1555 und räumte damit den jeweiligen Landesherrn das Recht ein, über das in ihrem Herrschaftsbereich geltende (katholische oder reformierte) Bekenntnis frei zu entscheiden.

b2) Die wörtliche Übersetzung lautet „Wem zum Nutzen?", freier „Wem nützt es?" oder „Wer hat einen Vorteil davon?". In der Kriminalistik wird mit der lateinischen Floskel *Cui bono?* die Frage nach dem Nutznießer eines Verbrechens bzw. die Frage nach dem Motiv gestellt. CICERO verwendete diese Frage in mehreren Reden bzw. verwies auf sie als die „bekannte Cassianische Frage" mit Verweis auf Lucius Cassius, Konsul des Jahres 127 v. Chr., der diese Frage als Richter häufig gestellt haben soll.

c) Die *Region* sowie *regional* und mehr noch die *Religion* und *religiös* sind aus dem deutschen Wortschatz nicht wegzudenken. Das Wort *Bonus* ist in den letzten Jahren vor allem in Verbindung mit

Zahlungen für Banker ins Gerede gekommen, die diese für besondere (geschäftliche) Tüchtigkeit zusätzlich zu ihren Gehältern erhalten (haben). Einen Bonus hat im Sprachgebrauch generell jemand, der „etwas gut hat" bzw. eine Gegenleistung erwarten darf.

43 *Eadem mutata resurgo*

a) *Eadem* ist die weibliche Form des Demonstrativpronomens *idem/eadem/idem* „der-, die-, dasselbe", hier wohl sinngemäß mit „als (die) Gleiche" zu übersetzen. *Mutata* ist das feminine PPP von *mutare* 1. „(ver)ändern", „verwandeln" und hier offenbar adverbiell verwendet. *Resurgo* „ich gehe hervor" ist die 1. Person S. Präsens Ind. von *resurgere* 3. „wieder auf(er)stehen", „hervorgehen".

b) Unter Berücksichtigung der unverbindlichen Wortstellung in lat. Sätzen lautet die Übersetzung: „Verwandelt (worden) gehe ich als (die) Gleiche hervor." Im Hohen Münster zu Basel befindet sich das Grab des Mathematikes Jakob Bernoulli I. (1654 bis 1705), der u. a. die logarithmische Spirale untersucht hat. Eine in Stein gehauene Spirale ziert die Grabplatte und in deren runder Umrandung stehen diese drei Wörter. Das Zitat, welches auf die Selbstähnlichkeit der logarithmischen Spirale hinweist, könnte daher auch *Mutata resurgo eadem* oder *Resurgo eadem mutata* lauten. Unterlegt man dem „ich" anstelle von „Spirale" das Wort „Seele", so kann der Spruch auch mit „Verwandelt auferstehe ich als (die) Gleiche" übersetzt werden. Diesen Texthinweis verdanke ich meinem Fachkollegen und ehemaligen Lehrer OStR. Mag. Kurt Kunze (siehe Literaturverzeichnis).

c) Als Fremdwort steht **Mutation** (vornehmlich in der Biologie) für Veränderung. Die unter b) genannte **Spirale** stammt vom lat. Wort *spira, spirae* f. „Windung" ab.

44 *Qualis dominus, talis servus*

a) *Qualis* „wie (beschaffen)"; *dominus, domini* m. „(Haus-)Herr", „Gebieter" „Eigentümer" od. „Gastgeber". *Talis* „derartig", „so (beschaffen)"; *servus, servi* m. „Diener", „Knecht" od. „Sklave". *Talis* und *qualis* sind Korrelativpronomina.

b) „Wie der Herr, so der Knecht" ist im Deutschen als „Wie der Herr, so's Gscherr" ein geflügeltes Wort. Gemeint ist, dass die Eigenschaften/Gewohnheiten des Gebieters/Meisters auf die Gefolgschaft/Belegschaft abfärben. Von dem Sprichwort gibt es eine reizvolle altgriechische Fassung, deren Übersetzung „Wie die Herrin, so die Hündin" lautet.

c) Die weibliche Form des *dominus* ist als **Domina** einschlägig bekannt. Von *servus* bzw. dem zugehörigen Verb *servire* 4. „dienen", „gehorchen" leitet sich **servieren** (für „auftischen" od. „vorlegen") ab. Ein **Servitut** ist eine mit einem Grundstück verbundene Dienstbarkeit. Bei **Servus** als Grußform ist der ursprüngliche Sinn „Ich bin Ihr (gehorsamster) Diener", in Wien zum „Gschamster Diener" verballhornt, heute weitgehend in Vergessenheit geraten.

45 *Quod licet Iovi non licet bovi*

a) Dieser und der nächste Text enthalten als Pronomen nur das bekannte *quod* „was"; *licet, licuit, licitum est* „es steht frei" od. „es ist erlaubt". *Iovi* ist der Dativ von *Iupiter, Iovis* m. „Jupiter", der Götterkönig od. Staatsgott. *Non licet* „ist nicht erlaubt"; *bovi* ist der Dativ von *bos, bovis* m. f. „Rind", „Stier" od. „Ochse", als Femininum „Kuh". Der „Quod-Satz" *quod licet Iovi* steht für das Subjekt des Hauptsatzes *non licet bovi*. (Gleiche Konstruktion wie bei Text 25.)

b) Wörtlich „Einem Rindvieh ist nicht erlaubt, was Jupiter erlaubt ist" wird das geflügelte Wort meist mit „Was (dem/einem) Jupiter erlaubt ist, (das) ist dem/einem Rindvieh (noch lange) nicht erlaubt" übersetzt. Das stellt auf die Vorrechte eines Herrschers und/oder einer privilegierten Schicht gegenüber dem Untertanen bzw. der *misera plebs* ab, ist also heutzutage politisch absolut inkorrekt. Die wegen des Endreimes sicher erst mittelalterliche Quelle ist nicht nachgewiesen.

c) Im Fremdwörterschatz der deutschen Sprache ist **Lizenz** als Synonym für „Vorrecht" oder „Erlaubnis" in Gebrauch, z. B. die Lizenz, eine öffentliche Einrichtung zu betreiben, oder die dem 007-Agenten James Bond zugebilligte „Lizenz zum Töten".

46 *Quod erat demonstrandum*

a) *Quod* „was"; *erat* „(er/sie/es) war" ist die 3. Person Imperfekt Ind. von *esse* „sein". *Demonstrandus* 3 ist das Gerundiv von *demonstrare* 1. „genau zeigen", „nachweisen" od. „beweisen" und verlangt daher, dass etwas bewiesen werden muss.

b) „Was zu beweisen war." Die stereotype Schlussformel geht auf EUKLID *(„Elemente")* zurück, die lat. Fassung wird mit *qu. e. d.*, die deutsche mit „w. z. b. w." abgekürzt; mit einer dieser Abkürzungen wird von Mathematikern gerne der erfolgreiche Abschluss eines Beweises angezeigt.

c) **Demonstration**, **demonstrieren** und **demonstrativ** werden als Fremdwörter immer dort verwendet, wo es etwas „aufzuzeigen" gibt, und zwar im (Schul-)Unterricht ebenso wie als kollektive Unmutsäußerung möglichst vieler Leute auf der Straße.

47 *Tres faciunt collegium*

a) *Tres* m., f., *tria* n. „drei" ist hier substantivisch gebraucht und das Subjekt des Satzes. *Faciunt* ist die 3. Person P. Präsens Ind. aktiv von *facere* 3M „machen" od. „bilden". *Collegium, collegii* n. „(Amts-)Genossenschaft", „Gemeinschaft" od. „Vereinigung".

b) „Drei (Mitglieder) bilden eine Vereinigung" bedeutet, dass bereits drei Personen einen Verein bilden können, während zwei noch zu wenig sind. Das war bereits im röm. Zivilrecht *(„Corpus iuris civilis")* so normiert. *Tres faciunt collegium* lautet auch die Titelzeile eines Studentenliedes (Trinkliedes), wobei hier mit *collegium* eine Tafelrunde gemeint ist.

c) Das Fremdwort **Kollegium** ist im Deutschen gut eingebürgert, etwa beim Lehrer-Kollegium oder dem Landesschulrats-Kollegium im Schulbereich. Auch der **Kollege** und die **Kollegin** leiten sich natürlich davon ab. Auf die **Manufaktur** ist bereits bei Text 35 hingewiesen worden. Im Übrigen leitet sich vom PPP *factus* 3 „getan" od. „gemacht" das **Faktum** (kurz **Fakt**) für „Tatsache" ab.

48 *Germania est divisa in partes tres*

a) *Germania Germaniae* f. „Germanien"; *dividere* 3. „trennen" od. „teilen", *divisa* ist das weibliche PPP, also mit „geteilt (worden)" zu übersetzen. *Pars, partis* f. „Teil", aber auch „Partei", „Amt" od. „Rolle"; *in partes tres* „in drei Teile" ist ein Objekt im Akkusativ P.

b) „Germanien ist in drei Teile geteilt (worden)" schreibt P. C. TACITUS in seiner *„Germania"*. Die Aussage bezieht sich auf das im Altertum von den Germanen besiedelte Gebiet, das sich in die beiden röm. Provinzen *Germania inferior* („das tiefer gelegene Germanien") und *Germania superior* („das weiter oben befindliche Germanien") sowie das von den Römern nicht beherrschte *Germania magna* („das große Germanien") od. *Germania libera* („das freie Germanien") gliederte.

c) Im Englischen steht **german** für „deutsch". Die **Division** als Grundrechnungsart und als militärische Gliederung (Teil eines Korps) geht auf *dividere* zurück. Die Ableitung der im deutschen Sprachschatz fest verankerten **Partei**, aber auch der **Partie** mit ihren vielen Bedeutungen, von *pars* ist augenfällig, ebenso das Adjektiv *partiell* für „teilweise".

49 *Ovum, ovum, quid lacus ego?*

a) *Ovum, ovi,* n. „(das) Ei"; *quid* „was?"; *lacus, lacus* m. „Wanne", „Teich" od. „See".

b) Dieser Text erfreut sich – zumindest in meiner Jugend war das so – unter Lateinschülern großer Beliebtheit, weil es sich um eine scheinbar sinnlose Aneinanderreihung lateinischer Vokabel handelt, die aber, rein phonetisch betrachtet, doch einen Sinn ergibt: „Ei, ei, was seh' ich?"

c) Das **Oval** und das Adjektiv **oval** für (annähernd) „eiförmig" stammen von *ovum* ab.

Teil 5: Vorwörter und Vorsilben

(38) Diese Wortart ist vor allem durch ihre Stellung unmittelbar vor einem (allenfalls noch mit einem Attribut versehenen) Substantiv ausgezeichnet, worauf ihre deutsche wie auch ihre lat. Bezeichnung **Präposition** (*prae* „vor", *positio, positionis* f. „Lage") hindeutet. Die Präposition weist dem Substantiv eine *lokale* (= örtliche, z. B. vor dem Haus), *temporale* (= zeitliche, z. B. nach dem Essen), *kausale* (= ursächliche, z. B. wegen des Geldes) oder *modale* (= die Art und Weise angebende, z. B. ohne Mühe) Funktion zu. Als Vorsilben, lat. **Präfixe** (*prae* „vor", *fixus* 3 „angeheftet") gehen sie mit einem Substantiv oder mit einem Verb eine feste Verbindung ein, im Deutschen z. B. bei Vorbau, Nachmittag, Ohnmacht, abstellen, anrichten und zudrehen. Einige Präpositionen können auch adverbiell gebraucht werden.

(39) Vorwörter bestimmen stets den Fall des zugehörigen Substantivs, wobei im Deutschen sowohl der Genetiv (z. B. während der Arbeitszeit) als auch Dativ (z. B. mit der Hand) und Akkusativ (z. B. ohne das Mädchen) möglich sind, im Lateinischen aber nur Akkusativ und/oder Ablativ in Frage kommen. Im Folgenden wird nur auf diejenigen Präpositionen eingegangen, zu denen entweder sogleich Beispiele und/oder Fremdwörter mit entsprechenden Vorsilben angeführt werden und/oder die in den nachfolgenden Texten vorkommen.

(40) Die Präposition *ab* oder auch nur *a* steht beim Ablativ und bedeutet räumlich „von ... her/aus" und zeitlich „von ... an" od. „seit". Titus LIVIUS hat seiner 142-bändigen röm. Geschichte den Namen „*Ab urbe condita*", das heißt „Von der Gründung der Stadt (Rom) an" (*urbs, urbis* f. „Stadt", *conditus* 3 „gegründet") gegeben. Weitere Beispiele sind *a priori* „von vornherein" und *a posteriori* „im nachhinein". (*Prior* m. „der Vordere" und *posterior* m. „der Spätere" sind substantivisch gebrauchte, von *prae* „vor" und *post* „nach" abgeleitete Komparative.)

(41) Die Präposition *ad* „zu", „an" und „bei", die Zeitdauer bestimmend auch „auf", verlangt immer den Akkusativ. Etwas *ad absur-*

dum (*absurdus* 3 „misstönend" od. „ungereimt") führen bedeutet, seine Sinnlosigkeit aufzuzeigen, etwas *ad acta* legen heißt, etwas zu den Akten zu legen, also nicht weiter zu behandeln. Wenn jemand etwas *ad infinitum* (*infinitus* 3 unbegrenzt) betreibt, dann findet er damit kein Ende. Weitere Beispiele enthält Text 51. Als Vorsilbe wird *ad* u. a. bei den Fremdwörtern **addieren** für (hin)zufügen, **Adresse** für Anschrift, **Adverb** „zum Verb (gehörig)" und **Advent** (*venire* 4. „kommen") für Ankunft verwendet.

(42) Die Präposition *ante* „vor" steht beim Akkusativ, kann auch adverbiell gebraucht und dann mit „vorne" (lokal) oder „früher" (temporal) übersetzt werden. *Ante meridiem* (*meridies, meridiei* m. „Mittag"), abgekürzt *a. m.*, bezeichnet die Vormittagsstunden. Der *status quo ante* ist der Zustand, in dem (etwas) vorher (gewesen ist).

(43) Die eher selten vorkommende Präposition *coram* „in Gegenwart" steht beim Ablativ. Beispiel: *Coram publico* „in Gegenwart eine Publikums" oder besser „in aller Öffentlichkeit".

(44) Die Präposition *cum* (als Vorsilbe *co, com* oder *con*) steht für „mit (zusammen)", „(gleichzeitig) mit" oder „mit(samt)" und verlangt den Ablativ. Text 52 enthält zwei Beispiele. Als Vorsilbe, meist in der Bedeutung „zusammen", anzutreffen z. B. bei **Kodex** für Regelsammlung, **kollidieren** (*collidere* 3. „zusammenschlagen") für zusammenprallen, **Kombination** für Zusammenspiel und **kompatibel** für zusammenpassend. Weitere Fremdwörter-Beispiele sind **Konferenz** für Zusammenkunft, **konform** für übereinstimmend, **Konjunktion** für Bindewort, **Kontakt** für Verbindung und **Kontext** für Zusammenhang.

(45) Die Präposition *de* „von (... herab, weg)", „in Hinsicht auf" oder „über", steht beim Ablativ. *De facto* „von der Tat her" od. „tatsächlich", und *de iure* „von Rechts wegen" od. „rechtlich" sind bekannte Anwendungen. Als Vorsilbe kommt *de* meist in der Bedeutung „ab" vor, so z. B. bei den Fremdwörtern **Deduktion** für Ableitung, **Defensive** für Abwehr, **Defizit** für Abgang, **Degression** für Abnahme, **Deklination** für Abwandlung, **Delegation** für Abordnung, **Demontage** für Abbau und **Depot** für Ablage.

(46) Die Präposition *ex* „aus" (oder auch nur *e*) verlangt den Ablativ. *Ex aequo* „aus dem Gleichen" bedeutet bei Ranglisten den gleichen Platz, *ex libris* ... „aus den Büchern des ..." weist darauf hin, dass das betreffende Buch zur Bibliothek des ... gehört, und *ex officio* „aus der Amtspflicht", dass etwas „von Amts wegen" geschieht. Als Vorsilbe ist *ex* u. a. bei **exklusiv** für ausschließlich, bei **Exkursion** für Ausflug und bei **Export** für Ausfuhr anzutreffen.

(47) Die Präposition *in* (als Vorsilbe *i*, *im* oder *in*) kann lokal als „in (... hinein)" oder temporal als „bis (in)" gebraucht werden, aber auch andere Bedeutungen haben, und wurde vom Deutschen wie auch vom Englischen direkt aus dem Lateinischen übernommen. (Vielleicht gibt es aber auch schon eine gemeinsame Wurzel im Indogermanischen.) *In* kann beim Akkusativ oder beim Ablativ stehen. Eine künstliche Befruchtung findet *in vitro* (Ablativ) statt mit *vitrum, vitri* n. „Glas", also „im Glas". Weitere solche Beispiele sind *in concreto* „im Konkreten", also im speziellen Fall, *in pectore* „in der Brust", also noch unausgesprochen, *in puncto* „diesen Punkt betreffend" und *in statu nascendi* „im Stadium des Entstehens", also im Werden begriffen. Beispiele für ein *in* mit Akkusativ sind *in aeternum* „in (alle) Ewigkeit" und *in memoriam* ... „im Gedenken (an) ...". Als Vorsilbe in der Bedeutung „in hinein" gebraucht und mit „ein" zu übersetzen z. B. bei **Inserat** für Einschaltung, **inhalieren** für einatmen, **infiltrieren** für einsickern, **importieren** für einführen und **implantieren** für einpflanzen. Als Vorsilbe drückt *i*, *im* oder *in* aber häufig auch das Nichtvorhandensein einer Eigenschaft aus. So vorkommend z. B. bei **illegal** für gesetzwidrig, **immateriell** für nicht körperlich, **indiskret** für nicht taktvoll, **inkompatibel** für nicht zusammenpassend, **inkorrekt** für fehlerhaft und **Intoleranz** für Unduldsamkeit.

(48) Die Präposition *inter* „zwischen" od. „unter" (örtlich) und „während" (zeitlich) verlangt den Akkusativ. Ein *primus inter pares* ist ein „Erster unter Gleichen" (*primus* „der Erste", *pares* ist der hier substantivisch gebrauchte Akkusativ P. des Adjektivs *par* „gleich"), der Leiter/Vorsitzende einer Gruppe von gleichermaßen qualifizierten Personen. Fremdwörter mit der Vorsilbe *inter* sind z. B. **interimistisch** für zwischenzeitig, **Intermezzo** für Zwischenspiel und **Intervall** für Zwischenraum. **Interkulturelle** Aktivitäten und **internationale**

Beziehungen sind Dinge, die sich „zwischen" den Kulturen bzw. Nationen abspielen, für „über" den Kulturen bzw. Nationen befindlich ist die Präposition *supra* „oberhalb" od. „über" besser geeignet; sie verlangt den Akkusativ.

(49) Die Präposition *per* „durch (... hindurch)", aber u. a. auch „wegen" steht beim Akkusativ. *Per definitionem* „durch Definition" in der Bedeutung „schon aufgrund der Definition" und *per se* „durch sich" in der Wendung „Das versteht sich *per se*", ist also selbsterklärend, sind Beispiele. Ein mit *per* eingeleitetes Fremdwort kann auch aus dem Griechischen kommen wie z. B. die **Periode**. Aus dem Lateinischen kommt z. B. *perforieren* für durchlöchern, *permanent* für durchgehend und die **Perspektive**, der „Durchblick".

(50) Die Präposition *post* „nach" steht beim Akkusativ. Sie kann auch adverbiell gebraucht werden und ist dann mit „hinten" (lokal) oder „danach" (temporal) zu übersetzen. *Post festum (festum, festi* n. „Fest") für „verspätet", *post meridiem*, abgekürzt *p. m.*, für „nach Mittag" und *post mortem* für „nach dem Tod" sind lat. Formeln, die gelegentlich noch zu hören sind. Übrigens: *Postum* für „nach dem Tod" geht auf den Superlativ *postumus* 3 „der/die/das Letzte" zurück; es ist eine irrige Meinung, es handle sich um eine Kombination aus *post* und *humus, humi* f. „Erde", was dann auch zur falschen Schreibweise „posthum" führt. Als Vorsilbe tritt *post* u. a. beim ***Postscriptum***, der „Nachschrift" als Anhang an einen Brief oder als Nachwort eines Buches, auf.

(51) Das Vorwort *prae* findet sowohl lokal als auch temporal als „vor" Verwendung und verlangt den Ablativ. Unter den Fremdwörtern mit der nämlichen Vorsilbe seien (neben den bereits genannten Präpositionen und Präfixen) **prähistorisch** für vorgeschichtlich, **Präludium** (*ludus, ludi* m. „Spiel") für Vorspiel, **Prämisse** für Voraussetzung, **Präsident** (*sedere* 2. „sitzen") für Vorsitzender und **präventiv** für vorbeugend genannt.

(52) Die Präposition *pro* „für" oder „anstatt" verlangt nach dem Ablativ. *Pro* und *Contra* ist als „Für und Wider" in Gebrauch, der Trinkspruch *Prosit!* setzt sich aus *pro* „(da)für" und *sit* „es sei" (3.

Person S. Präsens Konj. von *esse*) zusammen, heißt wörtlich also „Dafür sei es (gut)!" oder „Es nütze!". Als Präfix ist *pro* in jedem deutschen Wörterbuch seitenlang vertreten, und zwar meistens in der Bedeutung von „für"; z. B. beim **Pronomen**, dem Fürwort, beim *propagieren* („für etwas werben") sowie bei **Prozent** („für Hundert") und **Promille** („für Tausend"). Allerdings kann die Vorsilbe *pro* auch für „vor" stehen, z. B. beim **Produkt** (abgeleitet vom Verb *producere* 3. „vorführen", „hervorbringen", „erzeugen"), und beim **Projekt**, dem Vorhaben. Der **Prophet** und die **Prophezeiung** kommen hingegen aus dem Griechischen.

(53) *Sine* „ohne" ist eine Präposition beim Ablativ. Beispiele enthalten die Texte 59, 77 und 88. Als Vorsilbe ist *sine* nicht in Gebrauch.

(54) Neben *in* sind *sub* „unter" und *super* „über" zwei weitere Präpositionen, die beim Akkusativ oder beim Ablativ stehen können. *Sub auspiciis (praesidentis)* mit *auspicium, auspicii* n. „Vogelschau", hier „Blick": „Unter den Blicken (des Präsidenten)". Diese Floskel beschreibt die besondere Auszeichnung, dass die Verleihung eines Doktortitels in Anwesenheit des Staatsoberhauptes stattfindet. Als Vorsilbe wird *sub* z. B. verwendet bei **subaltern** für untergeordnet, **subkutan** („unter der/die Haut"), **Subordination** für Unterordnung und **Subvention** für Unterstützung. *Super* kommt als Vorsilbe u. a. vor beim **Superlativ** als Steigerungsform der Adjektiva/Adverbia sowie generell als Kennzeichnung einer besonders großen oder bedeutenden Person/Sache, z. B. beim **Supermarkt**, beim **Superman**, bei der **Supernanni** und bei der **Supervision**.

51 *Ad Kalendas Graecas* und *Ad multos annos!*

a) Vokabular und Grammatik: *Calendae* od. *Kalendae, Kalendarum* f. „die Kalenden" (= der jeweils erste Monatstag); *Graecus* 3 „griechisch". *Multus* 3 „bedeutend", „groß" oder „viel", im Plural wie hier „viele" oder „zahlreiche". *Annus, anni* m. „Jahr", hier vor allem „Lebensjahr".

b1) Übersetzung, Herkunft bzw. Sinn: „An den griechischen Kalenden" bedeutet „nie"; im Deutschen gibt es dafür den Ausdruck „Am

St.-Nimmerleins-Tag". Bei SUETON wird der Ausspruch Kaiser Augustus in Bezug auf säumige Schuldner in den Mund gelegt, von denen keine Zahlungen mehr zu erwarten sind. Im alten Rom waren die Kalenden nämlich Zahltage, bei den Griechen gab es diese Regelung hingegen nicht.

b2) „Auf viele Lebensjahre!" ist vor allem ein Wunsch, mit dem einem Geburtstagskind noch viele (schöne) Jahre gewünscht werden. Als „Auf viele (gemeinsame) Jahre!" kann der Spruch aber auch bei Festansprachen zu Vereinsjubiläen und ähnlichen Veranstaltungen Verwendung finden.

c) Fremd- und Lehnwörter: Die Herkunft unseres *Kalenders* ist offensichtlich. Auch die *Multiplikation* als Vervielfachung und die *Annalen* („Jahrbücher") gehören zu den hierher passenden Fremdwörtern.

52 *Summa cum laude* und *Cum grano salis*

a) *Summus* 3 „oberst", „höchst"; *laus, laudis* f. „Lob" od. „Ruhm". *Granum, grani* n. „Korn"; *sal, salis* m. „Salz".

b) Beim ersten Text fällt die Stellung des *cum* zwischen dem Substantiv und dem zugehörigen Attribut auf. Der „mit höchstem Lob" zu übersetzende Fachausdruck findet bei der Beurteilung einer höchst erfolgreich abgelegten (Abschluss-)Prüfung Verwendung. Die Floskel *cum grano salis*, wörtlich „mit einem Körnchen Salz", ist ein freundlicher Hinweis darauf, dass eine Behauptung mit Vorsicht zu genießen und nicht ganz wörtlich zu nehmen ist.

c) Eine **Laudatio** ist eine Lobrede auf jemanden anlässlich einer Ehrung; ein **Granulat** ist eine körnige Substanz; unser **Salz** ist natürlich ein von *sal* abgeleitetes Lehnwort.

53 *De gustibus non est disputandum*

a) *Gustus, gustus* m. „das Kosten", dav. abgeleitet „(Vor-)Geschmack". *Disputandum* ist das Gerundiv zu *disputare* 1. „auseinandersetzen", „erörtern" od. „(gepflegt) streiten", im Unterschied zu *discutere* 3M „zerschlagen", „sprengen", wovon sich unser **diskutieren** ableitet.

b) Die Herkunft dieses lat. Spruches ist nicht nachgewiesen. Die praktisch wörtliche Entsprechung „Über Geschmäcker lässt sich nicht streiten" ist eine auch im Deutschen gebräuchliche Redensart.

c) Der **Guster** (oder *Gusto*) als Vorfreude, Neigung od. Lust hat im *gustus* seinen Ursprung, ein *Disput* ist ein (niveauvolles) Streitgespräch, eine *Disputation* ein wissenschaftlicher Meinungsaustausch.

54 Der *Deus ex machina*

a) *Deus, dei* m. „Gott"; *machina, machinae* f. „Maschine", worunter die Römer jedes mechanische Werkzeug wie Hebel, Rolle, Walze und Winde verstanden.

b) „(Der) Gott aus der (Bühnen-)Maschine" geht auf das griechische Theater zurück, wo insbes. EURIPIDES am Schluss seiner Tragödien vielfach einen *Deus ex machina* auftreten ließ, um den verwickelten Handlungsknoten durch den Machtspruch eines Gottes aufzulösen. Der Schauspieler wurde dabei von einem Bühnenkran an Tragseilen herabgelassen. Heute bezeichnet der *Deus ex machina* allgemein einen „unverhofften Retter".

c) Unsere **Maschine** ist natürlich ein von *machina* abgeleitetes Lehnwort.

55 *Medias in res* und *Requiescat in pace*

a) *Medias* ist der feminine Akkusativ P. von *medius* 3 „mittler", „mittelst", „dazwischenliegend", prädikativ „mitten". *Res, rei* f. „die Sache(n)", sowohl Nom. S. als auch Nom. P. und Akkusativ P.; *in res* also „in die Sachen". *Requiescat* ist die 3. Person S. Präsens Konj. aktiv von *requiescere* 3. „zur Ruhe kommen" oder „ruhen", also mit „er/sie ruhe" oder „er/sie möge ruhen" zu übersetzen. *Pax, pacis* f. „Friede", *pace* ist der Ablativ.

b) Die wörtliche Übersetzung des ersten Textes lautet daher „Mitten in die Sachen", als Aufforderung gebraucht und freier übersetzt „Mitten hinein!", noch freier „Los geht's!" (Grundsätzlich könnte das Adjektiv auch attributivisch zu *res* gehören, und die Übersetzung würde dann „in die mittleren Sachen" lauten, was aber keinen Sinn macht.) Ein kleiner Hinweis auf die richtige Bedeutung ist das *in* zwischen *medias* und *res*, obwohl auf die Reihenfolge der Wörter im Lateinischen kein Verlass ist und schon bei HORAZ („*Ars poetica*") die Floskel in der Wortfolge *in medias res* vorkommt. Der zweite Text ist ein schönes Beispiel für einen Konjunktiv und findet sich gelegentlich auf Grabsteinen: „Er/sie möge (hier) in Frieden ruhen".

c) *Medium* ist z. B. beim Steak der Zustand zwischen „blutig" und „durchgebraten", als Hauptwort ein „Mittler" zum Übersinnlichen; ein streitschlichtender „Vermittler" wird neuerdings als ***Mediator*** bezeichnet; auch **Mitte** geht natürlich auf *medium* zurück. Mit ***Requiem*** wird eine Gedenkfeier (ein Gottesdienst) und insbes. ein für solche Anlässe komponiertes Orchesterwerk bezeichnet.

56 *Austria Erit In Orbe Ultima*

a) *Austria, Austriae* f. „Österreich"; *erit* „wird sein" (siehe Tabelle bei Text 31); *orbis, orbis* m. „Kreis", „Rundung", „Kreislauf", „runde Scheibe". *Ultimus* 3 ist hier substantivisch gebraucht; als „der/die/das Äußerste" kann *ultimus* sowohl „der/die/das Höchste/Erste", als auch „der/die/das Niederste/Letzte" bedeuten.

b) Kaiser Friedrich III. (1440 – 1493) wählte – vor allem wegen der Abkürzung durch die fünf Vokale A.E.I.O.U. – diesen Text zum Sinnspruch für den von ihm zum Erzherzogtum erhobenen Habsburgerbesitz in der Bedeutung „Österreich wird auf dem Erdkreis das Erste/Wichtigste sein". Wegen der ebenso möglichen abwertenden Bedeutung von *ultimus* ist die Wortwahl etwas problematisch.

c) Heute ist ***Austria*** die internationale Bezeichnung für die Republik Österreich; der Spruch bezieht sich hingegen auf das „Haus Österreich", das nach Friedrich III. durch den Erwerb Spaniens und seiner Kolonien, der Niederlande sowie der Reiche der Stephanskrone

(Großungarn) und der Wenzelskrone (Böhmen, Mähren und Schlesien) für damalige Zeiten tatsächlich zu einer Weltmacht aufstieg. Mit **Orbit** wird die Umlaufbahn eines künstlichen Satelliten, eines Mondes oder Planeten um einen anderen Himmelskörper bezeichnet.

57 *Per aspera ad astra* und *Sanitas per aquam*

a) *Asper, aspera, asperum* „rau", „hart" „streng"; in Verbindung mit *per* muss *aspera* der Akkusativ P. des Neutrums *asperum* sein und als Substantiv übersetzt werden; *astrum, astri* n. „Stern". *Sanitas, sanitatis* f. „Gesundheit", aber auch „Vernunft"; *aqua, aquae* f. „Wasser".

b) „Durch Rauheiten zu den Sternen" will aussagen, dass sich Anstrengung lohnt bzw. dass man (nur) durch harte Arbeit „zu den Sternen", also möglicherweise zu höchsten Erfolgen/Ehren gelangen kann. Die Quelle des lat. Spruches ist nicht nachgewiesen. „Gesundheit durch Wasser" ist in der Abkürzung SPA heutzutage im Tourismusgeschäft zu einem Werbeschlager geworden.

c) **Astro-** und **astral** sowie **sanitär** für alles, was mit Sternen bzw. Gesundheit zu tun hat, sind geläufige Fremdwörter, und selbstverständlich kommt auch der **Sanitäter** von *sanitas*. Das **Aquaplaning** für den Verlust der Bodenhaftung bei Wasserglätte, das **Aquädukt** und das **Aquarium** sind Beispiele für das Verkommen von *aqua* im deutschen Fremdwörter-Wortschatz.

58 *In dubio pro reo* und *Pars pro toto*

a) *Dubio* ist der Ablativ von *dubium, dubii* n., ein vom Adjektiv *dubius* 3 „zweifelhaft" abgeleitetes Substantiv, das (neben *dubitatio*) „Zweifel" bedeutet; *in dubio* also „im Zweifel". *Reo* ist der Ablativ von *reus, rei* m. „der Angeklagte". *Pars, partis* f. „Teil"; *toto* ist der Ablativ von *totus* 3 „ganz", hier substantivisch gebraucht.

b) „Im Zweifel für den Angeklagten" ist dem Prinzip nach in der Antike mehrfach belegt, so im *„Corpus iuris civilis"*; die geläufige Fassung dieses Rechtsgrundsatzes scheint aber nicht auf die Antike zurückzugehen. „Der Teil für das Ganze" ist ein philologischer Terminus für die Benennung eines Ganzen durch eines seiner Teile, im Deutschen gern gebraucht zur Charakterisierung eines Menschen: Ein kluger Kopf, eine gute Haut, eine treue Seele, ein neues Gesicht, und etliche Vulgärausdrücke.

c) Das Fremdwort **dubios** für „zweifelhaft" ist im Deutschen nicht ungebräuchlich. Auf Bezüge zu *pars* ist bereits bei Text 48, auf jene zu *totus* bei Text 26 hingewiesen worden.

59 Eine *Conditio sine qua non* und *Sine ira et studio*

a) *Conditio, conditionis* f. „Übereinkunft", „Bedingung" od. „Zustand"; *qua* ist der Ablativ des Relativpronomens *quae* „welche". *Ira, irae* f. „Zorn", „Erbitterung"; *studium, studii* n. „Eifer", „Begeisterung" od. „Begierde". *Ira* und *studio* sind die zugehörigen Ablative.

b) „Eine Bedingung ohne welche nicht" drückt aus, dass es sich bei der Sache, auf die sich der Spruch bezieht, um eine unabdingbare Voraussetzung/Forderung handelt, also frei übersetzt „Das ist ein unabdingbares Erfordernis". „Ohne Erbitterung und Begeisterung" kündigt an oder fordert dazu auf, eine Angelegenheit nicht gefühlsbetont, sondern rein sachlich zu behandeln. Die lat. Wendung findet sich bei TACITUS (*„Annalen"*), der dort eine unvoreingenommene Darstellung der Epoche nach Kaiser Augustus verspricht, *sine ira et studio*, wozu er gleichermaßen keine Veranlassung habe.

c) Eine **Kondition** ist eine in der Regel günstige Bedingung, die jemandem bei einem (Rechts-)Geschäft eingeräumt wird, aber auch ein Begriff, der auf körperliche Fitness Bezug nimmt. Zu *studium* siehe Text 12.

Teil 6: Umstandswörter

(55) Umstandswörter, lat. *Adverbia*, S. *Adverb*, bestimmen die besonderen Umstände, unter denen sich ein Geschehen abspielt. Sie stehen deswegen beim Verb, weil dieses das allgemeine Geschehen, den Vorgang oder den Zustand ausdrückt, welches bzw. welcher durch das Adverb dann spezifiziert wird, z. B. dort sitzen, bald schreiben, sehr krank sein.

(56) Nach Art der bezeichneten Umstände gibt es Adverbia des Ortes (*lokale* A.), der Zeit (*temporale* A.), des Grundes (*kausale* A.) und der Art und Weise (*modale* A.). Die Parallelität zu den Präpostionen ist augenfällig; daher können Präpositionen auch adverbiell gebraucht werden, siehe Anm. (42) und Anm. (50). Auch zu den Numeralia gibt es einen Zusammenhang, z. B. *primum* od. *primo* „zuerst".

(57) Die meisten Umstandswörter der Art und Weise werden von Adjektiva abgeleitet, heißen dann *Adjektivadverbia* und sind steigerungsfähig. Anders als im Deutschen (z. B. Lea ist schön, Lea schreibt schön) sind Adjektiva und Adverbia aber nicht gleichlautend. (So auch nicht im Englischen, wo modale Adverbia von den Adjektiva durch die Nachsilbe *-ly* abgeleitet werden.) Allenfalls dient ein Akkusativ oder Ablativ des Adjektivs als Adverb, z. B. *ceterum* „übrigens", *multum* „viel" od. „sehr", *subito* „plötzlich" und *cito* „schnell", siehe Text 66. Als eine Regel mit Ausnahmen gilt, dass ein Adjektivadverb aus dem Wortstock des Adjektivs durch Anhängen von *-e* od. *-iter* hervorgeht. Aber alle Adjektiva auf *-ns* verwandeln *-ns* in *-nter*. Beispiele dafür finden sich in Text 65, 67, 68, 83 und 93.

(58) Einige wichtige überwiegend lokale oder temporale Adverbia, die auch in nachfolgenden Texten vorkommen, sind weder Präpositionen noch Zahl- oder Adjektivadverbia. Es sind dies *hic* „hier", *ibi* „da", „dort" oder „dann", *nunc* „nun" od. „jetzt", *sic* „so (beschaffen)", „auf diese Weise", *semper* „immer", *ubi* „wo", „wann" od. „sobald als" und *ubique* „überall".

61 *Hic et nunc*

a) Vokabular und Grammatik: *Hic* und *nunc* siehe Anm. (58).

b) Übersetzung, Herkunft bzw. Sinn: „Hier und jetzt" ist in der deutschen Fassung wie auch in der lateinischen eine beliebte Floskel, die ausdrückt, dass an diesem Ort und sofort eine Entscheidung getroffen und/oder eine Maßnahme gesetzt wird oder werden soll.

62 *Hic Rhodos, hic salta!*

a) *Rhodos* ist die bekannte Mittelmeerinsel; *saltare* 1. „tanzen", hier in der Bedeutung „springen", wofür allerdings das Wort *salire* 4. gebräuchlicher ist; *salta* ist der Imperativ S. „spring!".

b) „Hier ist Rhodos, hier spring!" Dieser Befehl fordert jemanden dazu auf, sofort den Beweis für eine Behauptung anzutreten. Die Quelle der geflügelten lateinischen Version ist nicht nachgewiesen, der Inhalt bezieht sich auf die „Fabel vom Prahler" des legendären Fabeldichters Äsop. Darin prahlt ein in seiner Heimat wenig angesehener Fünfkämpfer mit seinen Erfolgen. Beispielsweise wäre er auf Rhodos einmal so weit gesprungen, dass nicht einmal die Olympiasieger es ihm hätten nachtun können. Da unterbricht einer seiner Landsleute den Prahler und fordert ihn mit dem zitierten Zwischenruf auf, seinen Rekordsprung auf der Stelle vorzuführen. (Nahezu wörtlich zitiert aus dem Buch von Bartels, siehe Literaturverzeichnis.)

c) Fremd- und Lehnwörter: Der **Salto** ist eine anspruchsvolle Turnbzw. Sprungübung. Davon abgeleitet der *Salto mortale* („Todessprung") mit mehreren Drehungen um eine horizontale Achse, *mortalis* m., f., *mortale* n. „tödlich", „sterblich".

63 *Semper et ubique*

a) *Semper* und *ubique* siehe Anm. (58).

b) „Immer und überall" steht für einen immer und überall entweder gegebenen oder wünschenswerten Sachverhalt. So war *semper et ubique* zum Beispiel einmal ein von der österr. Tabakindustrie geprägter Werbespruch für eine Zigarettenmarke. In Hinsicht auf das unvergängliche und allgegenwärtige Latein erschien es mir passend, diesem Büchlein den Titel „*Semper et ubique*" zu geben.

c) Gottfried Semper (1803 – 1879) war neben K. F. Schinkel der bedeutendste deutsche Baumeister des 19. Jahrhunderts. Bereits 1834 Professor in Dresden musste er als 1848er-Revolutionär nach Paris fliehen. 1870 als kaiserlicher Architekt nach Wien berufen konzipierte er dort die Neue Hofburg, die zwei Museumsbauten und das Burgtheater. Sempers bekanntestes Werk ist das nach ihm benannte Opernhaus in Dresden.

64 *Sic transit gloria mundi*

a) *Sic* „so" ; *transire* „(vor)übergehen", „sich ändern", zusammengesetzt aus dem Adverb *trans* „hinüber" und dem unregelmäßigen Verb *ire* „gehen"; *transit* ist die 3. Person S. Präsens Ind. aktiv „ändert sich", „geht vorbei". *Gloria, gloriae* f. „Ruhm", „Ehre", „Bedeutung". *Mundus, mundi* m. „Welt", „Weltall", sowohl „Himmel" als auch „Erde".

b) „So geht der Ruhm/Glanz der Erde vorüber", freier übersetzt „So vergänglich ist die irdische Bedeutsamkeit" spricht für sich. Der erstmals 1516 schriftlich belegte lat. Spruch ist ein rituelles Zuruf an den neugewählten Papst mit Bezug auf die Verbrennung eines Bündels Werg.

c) **Transit**(verkehr) für Durchgangsverkehr ist ein geläufiges Fremdwort; *gloria* findet sich in der Redensart „mit Glanz und *Gloria*" wieder, und natürlich haben auch die **Glorie** oder **Gloriole** für Heiligenschein, das Zeitwort **glorifizieren** für verherrlichen und das Adjektiv **glorios** für herrlich oder glorreich hier ihren Ursprung.

65 *Ubi bene, ibi patria*

a) *Ubi* „wo"; *bene* (Adverb zu *bonus* 3) „gut", „wohl" od. „recht". *Ibi* „da", „dort"; *patria, patriae* f. „Vaterland", „Heimat".

b) Die wörtliche Übersetzung „Wo gut, dort Vaterland" könnte einem nur gebrochen deutsch sprechenden, aber integrationswilligen Zuwanderer in den Mund gelegt werden. Eine elegantere Übersetzung verlangt danach, einige in diesem lat. Spruch fehlende Wörter dazuzudenken: Als Adverb beschreibt *bene* die Eigenschaft eines Vollverbs, also z. B. *vivere* 3. „leben", während nach *patria* nur ein *est* „ist" fehlt. „Wo es gut (zu) leben ist, da ist das Vaterland", oder mit Verwendung von Pronomina wesentlich pointierter und freier: „Ich bin dort zuhause, wo es mir gut geht". Der Spruch wird gelegentlich auch umgedreht und erhält dadurch eine patriotische Bedeutung: *Ubi patria, ibi bene.* „Wo meine Heimat ist, da geht es mir gut" oder noch pointierter „Gut geht es mir (nur) in meinem Vaterland". Die Kölner – und vielleicht auch andere Bürgerschaften – wandeln den Spruch gern zu einer Liebeserklärung für ihre Heimatstadt ab, indem sie *patria* durch *Colonia* (das antike Köln) ersetzen.

c) **Bene** ist als Möbelmarke bekannt, allerdings auch der Familienname des Firmengründers. Auf *patria* gehen die Fremdwörter **patriotisch** und **Patriot** zurück. Von *colonia, coloniae* f. „Niederlassung" stammt die **Kolonie** ab.

66 *Bis dat, qui cito dat*

a) *Bis* „zweifach" od. „doppelt", *dat* ist die 3. Person S. Präsens Ind. des Verbs *dare* 1. „geben"; *qui* „wer"; *cito* ist das Adverb zu bzw. der Ablativ von *citus* 3 „schnell".

b) „Doppelt gibt, wer schnell gibt." Diese Weisheit wird in der Antike mehrfach angesprochen, allerdings nicht mit genau diesen Worten.

c) Auf dem PPP *datus* 3 „gegeben" in der Bedeutung „ausgestellt am" basiert unser **Datum**.

67 *Plenus venter non studet libenter*

a) *Plenus* 3 „voll", „ganz", „satt", „reich(lich)", „schwanger" od. „trächtig"; *venter, ventris* m. „Bauch", „Leib" od. „Magen". *Studere*

2. „sich um etwas bemühen", „nach etwas streben/trachten/suchen", davon abgeleitet „studieren". *Libenter* ist das zu *libens, libentis* „willig", „gern" gehörige Adverb.

b) „Voller Bauch studiert nicht gern" ist ein auch im Deutschen gebräuchlicher Spruch, der dem Studenten sowohl Mäßigkeit beim Essen als auch eine kleine Ruhepause nach jeder Mahlzeit empfiehlt. Der Spruch ist übrigens eines der wenigen lat. Beispiele für einen Endreim, was auf einen frühestens mittelalterlichen, möglicherweise asketisch-mönchischen Ursprung hindeutet.

c) **Studieren**, der **Student** und das **Studium** (bereits bei Text 12 angesprochen) leiten sich von *studere* ab.

68 *Fortiter in re, suaviter in modo*

a) *Fortiter* ist das Adverb zu *fortis* m., f., *forte* n. „stark", „fest", „energisch" od. „tüchtig"; *res, rei* f. „Sache". *Suaviter* ist das Adverb zu *suavis* m., f., *suave* n. „süß", „lieblich", „gewinnend" od. „angenehm"; *modus, modi* m. „Maß", „Regel", „Art" und „Weise".

b) „Beharrlich in der Sache, gewinnend in der Form." Der lat. Text von 1606 geht auf den jesuitischen Ordensgeneral Claudio Aquaviva zurück.

c) **Forte** für laut/stark und **soave** (ital.) für sanft/angenehm/lieblich sind musikalische Vortragsbezeichnungen; **Modus** und **modal** sind bereits mehrfach genannte grammatikalische Fachausdrücke.

Teil 7: Satzgefüge; Bindewörter und Verneinungen

(59) <u>Satzgefüge</u>, also die Schachtelung von Haupt- und Nebensätzen, sind in jeder Latein-Grammatik ein großes Thema, das in diesem Büchlein nur gestreift werden kann, was sich im Zusammenhang mit **Konjunktionen** und **Negationen** anbietet.

(60) Eine Grobeinteilung unterscheidet <u>beiordnende</u> und <u>unterordnende</u> Konjunktionen. Erstere verbinden gleichwertige Satzteile oder ganze Sätze zu <u>Satzreihen</u>, z. B. leben und leben lassen, reden oder schweigen, arbeiten, aber auch feiern. Letztere leiten <u>Nebensätze</u> ein, z. B. Obst essen, weil es gesund ist; Unkraut jäten, falls notwendig; hoffen, dass morgen die Sonne scheint. Konjunktionen sind aber nicht unabdingbar, um Satzreihen zu bilden oder Nebensätze einzuleiten, wie die Texte 24, 25, 31, 33, 36, 42, 44, 62, 65, 66 und 68 belegen.

(61) Unter den beiordnenden Bindewörtern ist *et* „und" bereits geläufig, doch kann als Und-Verbindung zweier Substantiva auch ein an das zweite Wort angehängtes *-que* dienen, siehe Text 88. Von den anderen in Anm. (60) enthaltenen Beiordnungen ist die lat. Entsprechung *aut* oder *vel* für „oder", *sed* für „aber" und *etiam* für „auch". *Aut* ist das ausschließende „oder", z. B. Sein oder Nichtsein, *vel* ist ein „oder", das die Wahl frei lässt, z. B. heute oder (auch) morgen.

(62) Die lat. Vokabel für die in Anm. (60) enthaltenen unterordnenden Konjunktionen lauten *cum* mit Konjunktiv für „da" od. „weil" in **Kausalsätzen** (Begründungssätzen), *si* mit Indikativ für „wenn" od. „falls" in **Konditionalsätzen** (Bedingungssätzen) und *ut* mit Konjunktiv für „dass" in Wunsch-, Begehr- oder Absichtssätzen. Die genannten Satzarten bilden nur eine kleine Auswahl unter den nach Inhalt und Funktion bezeichneten Nebensätzen. Gleiches gilt für die hier genannten Bindewörter selbst, doch gehören *cum*, *si* und *ut* zu den wichtigsten. (Man beachte die beiden völlig verschiedenen Bedeutungen von *cum*, als Präposition und als Konjunktion.)

(63) Unter den Negationen sind *non* und *ne*, im Deutschen unterschiedslos „nicht", die wichtigsten. Der Lateiner unterscheidet hingegen strikt: *Non* bedeutet, dass etwas nicht ist oder nicht geschieht; hingegen drückt *ne* aus, dass etwas nicht sein oder nicht geschehen soll: *Ne simus ingrati!* „Seien wir nicht undankbar!" *Ne* kann aber in der Bedeutung „dass nicht" auch Nebensätze einleiten. Von *ne* abgeleitet ist z. B. *neque* (*nec*) „und nicht" od. „auch nicht". Eine weitere wichtige Negation ist *nihil* (*nil*) „nichts". Doppelte Verneinung bedeutet Bejahung wie im Deutschen. So bedeutet *non* in Verbindung mit *nihil* als *nihil non* „alles" und als *non nihil* „manches". *Non* in Verbindung mit *nullus* 3 „kein" bedeutet als *non nulli* „einige".

(64) *Noli* ist der Imperativ S. des unregelmäßigen Verbs *nolle* „nicht wollen" und umschreibt zusammen mit einen Infinitiv einen **Prohibitiv**, das ist ein Verbot an die zweite Person, siehe Text 78.

(65) Eine wohl jedem ehemaligen Latein-Schüler erinnerliche Eigenheit des Lateinischen ist der **Accusativ(us) cum Infinitivo** (AcI). Diese Konstruktion kann immer mit einem Dass-Nebensatz (**Objektsatz**) ins Deutsche übersetzt werden, der Akkusativ wird dabei zum Subjekt und der Infinitiv zum Prädikat. Prädikatsnomina deklinieren beim AcI mit dem Akkusativ. Ein Beispiel dazu enthält Text 72. Gelegentlich ist anstelle des Dass-Satzes eine direkte Übersetzung (mit Infinitiv) eleganter, siehe Text 75.

71 *Audiatur et altera pars* und *Cogito, ergo sum*

a1) Vokabular und Grammatik: *Audiatur* ist die 3. Person S. Präsens Konj. passiv von *audire* 4. „hören" und daher mit „er/sie/es möge gehört werden" zu übersetzen. *Et*, in der Bedeutung „und" das wichtigste Bindewort, tritt hier in seiner (lt. „Stowasser") ursprünglichen Bedeutung „auch" auf. *Alter, altera, alterum*, „eine(r) von zweien" od. „der/die/das andere". *Pars, partis* f. hier „Partei".

a2) *Cogitare* 1. „denken", „erwägen" od. „planen". *Ergo* „daher", „deshalb", „folglich", „also". *Ergo* ist auch eine (im klassischen Latein allerdings nicht mehr verwendete) Präposition, die mit vorangehendem Genetiv „wegen" od. „um ... Willen" bedeutet.

b1) Übersetzung, Herkunft bzw. Sinn: Die Aufforderung „Es möge auch die andere Partei gehört werden" wendet sich an einen Streitschlichter, insbes. Richter, unparteiisch zu sein und beide Streitparteien zu Wort kommen zu lassen. Dem Prinzip nach ist diese Regel schon im griechischen Recht verankert, das wörtliche lat. Zitat ist in der Antike aber nicht nachgewiesen.

b2) „Ich denke, also bin ich." Das berühmte lat. Zitat kommt (mit vorangestelltem *Ego*) in den *„Principia philosophiae"* des CARTESIUS vor. Aus dem Zweifel am Sein der Dinge und so auch am eigenen Denken gewinnt der Philosoph die unmittelbare Gewissheit des eigenen Seins, da das Sein eines Denkenden nicht in Zweifel gezogen werden könne.

c) Fremd- und Lehnwörter: Die von *audire* abgeleiteten Fremdwörter sind bei Text 32 schon genannt worden. **Alternativ(e)** kommt von *alternus* 3 „abwechselnd", „gegenseitig", was von *alter* abstammt. Zu *pars* siehe Text 48. Als Fremdwörter kommen **kognitiv** für „das Denken betreffend" und *ergo* (dessen) für „daher" auch im deutschen Sprachgebrauch noch gelegentlich zu Ehren.

72 *Ceterum censeo Carthaginem esse delendam*

a) *Ceterum* „übrigens" oder „im Übrigen" leitet sich von *ceterus* 3 „der Sonstige" oder „der Andere" ab. *Censeo* ist die 1. Person S. Präsens Ind. aktiv von *censere* 2. „zählen", „schätzen", „meinen", „beantragen" od. „verordnen" und ist hier am besten mit „ich meine" oder „ich bin der Meinung" zu übersetzen. *Carthaginem* ist der Akkusativ von *Carthago, Carthaginis* f. „Karthago", um 750 v. Chr. gegründete phönikische Kolonie am Golf von Tunis. *Delendam* ist das Gerundiv von *delere* 2. „auslöschen", „zerstören" und (in Verbindung mit *esse*) mit „ist auszulöschen" oder „muss zerstört werden" zu übersetzen. Der AcI kann aber auch durch einen kompletten, mit „dass" eingeleiteten Nebensatz ins Deutsche übertragen werden.

b) „Im Übrigen bin ich der Meinung, dass Karthago zerstört werden muss" ist uns von PLUTARCH als Kredo des älteren CATO in seinen letzten Jahren überliefert. In Karthago sah Cato, auch nach dessen Niederlage im 2. Punischen Krieg (Hannibal), noch immer einen Rivalen Roms um die Vorherrschaft im Mittelmeerraum. Tatsächlich wurde Karthago im 3. Punischen Krieg (149 – 146 v. Chr.) von den Römern vollständig zerstört.

c) ***Zensor*** für „Prüfer", ***Zensur*** für „Kontrolle" oder „Beurteilung" und ***Zensus*** für „Volkszählung", aber auch der **Zins** („Miete") und die **Zinsen** leiten sich von *censere* ab. Das unter b) verwendete Fremdwort ***Kredo*** für Glaubensbekenntnis geht auf *credere* 3. „vertrauen", „borgen" od. „glauben" zurück, wovon auch der ***Kredit*** abstammt.

73 *Si vis pacem, para bellum!*

a) *Si* „wenn", „falls"; *vis* „du willst" ist die 2. Person S. Präsens Ind. des unregelmäßigen Verbs *velle* „wollen"; *pax, pacis* f. „Friede". *Para* ist der Imperativ S. von *parare* 1. „vorbereiten", „vorkehren" od. „rüsten"; *bellum, belli* n. „Krieg", „Schlacht", „Kampf".

b) „Wenn du den Frieden willst, (dann) bereite den Krieg vor" oder etwas freier: „Wenn du den Frieden willst, (dann) rüste für den Krieg!" Eine vor allem von Pazifisten strikt abgelehnte Spruchweisheit der alten Römer, die sich im Kalten Krieg (1945 – 1990) aber doch bewährt hat. In der Antike findet sich der Gedanke, wenn auch mit dem obigen Text nicht wörtlich ident, bei verschiedenen Autoren, so z. B. bei CICERO und bei LIVIUS.

c) Der unter b) genannte ***Pazifist*** ist ein relativ neues Fremdwort, Friedensfreunde hat es aber schon immer gegeben. Im ***Präparat*** und im ***präparieren*** steckt *parare* bzw. das gleichbedeutende Wort *praeparare* 1. drinnen. Lateinkenntnisse und Phantasie bewies ein Waffenproduzent, der ein von ihm entwickeltes Geschoss ***Parabellum*** genannt hat.

74 *Si tacuisses, philosophus mansisses*

a) *Si* „wenn", „falls"; *tacuisses* ist die 2. Person S. Plusquamperfekt Konj. von *tacere* 2. „schweigen", ist also mit „du hättest geschwiegen" zu übersetzen. Ebenso ist *mansisses* die 2. Person S. Plusquamperfekt Konj. von *manere* 2. „(ver)bleiben", „dauern", also mit „du wärest geblieben" zu übersetzen. *Philosophus, philosophi* m. „Philosoph", der hier als Prädikatssubstantiv zusammen mit „bleiben" (als Hilfszeitwort) die Satzaussage bildet.

b) „Wenn du geschwiegen hättest, (dann) wärst du ein Philosoph geblieben". Der Spruch bringt zum Ausdruck, dass man sich im Gespräch leicht eine Blöße geben kann, während Schweigen nicht schadet und Wortkargheit als Gegenstück zur Geschwätzigkeit überhaupt als Zeichen von Hochgeistigkeit und Überlegenheit gilt. Der Gedanke findet sich in mehreren Quellen, u. a. in der *„Vulgata"*, siehe Text 33, Abs. b), nirgends aber das wörtliche Zitat.

c) Der **Philosoph** ist ein schon von den Römern aus dem Griechischen übernommenes Fremdwort, das sich aus *philo* und *sophia* „Weisheit" zusammensetzt. *Philo* steht für Freund, Verehrer oder für Liebe, Vorliebe, Verehrung. Ein Philosoph ist also ein Verehrer der Weisheit oder ein Mensch, der die Weisheit liebt.

75 *Difficile est saturam non scribere*

a) *Difficilis* m., f., *difficile* n. „schwer", „schwierig", „mühsam"; *satura, saturae* f. „Durcheinander", „Allerlei", hier „Spottgedicht"; *scribere* 3. „schreiben".

b) „Es ist schwierig, eine Satire nicht zu schreiben", besser „Es ist schwer, keine Satire zu schreiben" geht auf den röm. Dichter JUVENAL zurück. In seinen zu Beginn des 2. nachchristl. Jahrhunderts veröffentlichten 16 Satiren kritisiert der Dichter vor allem den Sittenverfall Roms.

c) Die Herkunft der **Satire** von *satura* ist offensichtlich.

76 *Non scholae, sed vitae discimus*

a) *Schola, scholae* f. hier „Schule", aber auch „Vortrag". *Sed* „sondern", „aber", „doch"; *vita, vitae* f. „Leben", „Lebensweise", aber auch „Lebensbeschreibung"; *discere* 3. „lernen", *discimus* ist die 1. Person P. Präsens Ind.: „wir lernen". Um dem Satz Sinn zu geben sind *scholae* und *vitae* nicht als Genetive, sondern als Dative zu identifizieren, deren Übersetzung, wie schon in Anm. (15) erwähnt, gelegentlich die Verwendung eines Vorwortes, in diesem Fall „für", nahelegt.

b) Die entsprechende deutsche Spruchweisheit lautet „Nicht für die Schule, sondern für das Leben lernen wir", wo also die Dative durch Präpositionalausdrücke übersetzt werden. Sehr bemerkenswert ist, dass der Spruch bei SENECA in gerader Umkehrung vorkommt: *Non vitae, sed scholae discimus*. In einem Brief beklagt sich der Philosoph über die überflüssigen Problemstellungen, an denen sich die Schärfe und Feinheit des Denkens schulen soll. Es wäre besser, der Schulbildung einen gesunden Menschenverstand abzugewinnen. Es ist nicht bekannt, wer wann wo Senecas Kritik ins Gegenteil verkehrt und einen Programmspruch daraus gemacht hat.

c) **Schule** kommt natürlich von *schola*, davon abgeleitet der **Schüler** und die **Schülerin**. Zu *vita* siehe Text 19.

77 *Nulla poena sine lege* und *Nolens, volens*

a) *Nullus* 3 „kein(erlei)"; *poena, poenae* f. „Strafe"; *sine* „ohne"; *lex, legis* f. „Vertrag", hier „Gesetz". *Nolens* und *volens* sind die Präsens-Partizipia der unregelmäßigen Verba *nolle* „nicht wollen" und *velle* „wollen".

b1) „Keine Strafe ohne Gesetz." Wörtlich so im „Lehrbuch des gemeinen in Deutschland gültigen Recht" (1801) von Anselm v. Feuerbach, doch findet sich dieser Rechtsgrundsatz schon im röm. Zivilrecht. Seine Verletzung aus politischen Motiven ist nicht unüblich.

b2) „Nichtwollend (oder) wollend." Die lat. Redewendung wird in dem Sinn verwendet, dass jemand etwas tun oder dass etwas geschehen muss, gleichgültig, ob das erwünscht ist oder auch nicht. Als *velim, nolim* „mag ich wollen oder nicht" kommt die Wendung schon bei CICERO *(„De natura deorum")* vor.

c) Offensichtlich ist, wo unsere **Null** herkommt. Die **Pönale** für Strafzahlung oder Bußgeld ist bei Rechtsgeschäften ein geläufiger Begriff. Zu *lex* siehe Text 28.

78 *Noli me tangere! Noli turbare circulos meos!*

a) Zu *noli* siehe Anm. (64); *tangere* 3. „berühren" oder „anrühren". *Turbare* 1. „verwirren", „aufwühlen" od. „stören". *Circulos* ist der Akkusativ P. von *circulus, circuli* m. „Kreis". Das Personalpronomen *me* „mich" kommt in Anm. (31), das Possessivpronomen *meus* 3 in Anm. (33) vor; *meos* ist der zugehörige Akkusativ P. „meine".

b1) Der erste Prohibitiv steht für „Rühr' mich nicht an!" oder übertragen „Lass' mich in Ruh'!". In der „*Vulgata*", siehe Text 33, Abs. b), richtet der Auferstandene im Johannes-Evangelium an Maria Magdalena diese Worte. Sie haben auch auf die Biologie abgefärbt: Das Waldspringkraut (*Impatiens nolitangere*) und die Schamhafte Mimose (*Mimosa pudica*) sind danach benannt, weil nämlich die Mimose mit *Noli-me-tangere* einen zweiten (volkstümlichen) Namen besitzt.

b2) Der zweite Prohibitiv wird dem berühmten antiken Mathematiker, Naturwissenschafter und Techniker ARCHIMEDES zugeschrieben, mit dem er anlässlich der Eroberung seiner Heimatstadt Syrakus durch die Römer einen Soldaten daran hindern wollte, seine in den Sand gezeichneten Kreise zu zerstören. „Störe meine Kreise nicht" ist noch immer ein geflügelter Ausdruck. Archimedes soll übrigens kein Gehör gefunden haben und es sollen seine letzten Worte gewesen sein.

c) Der geometrische Fachausdruck **Tangente** für jede eine Kurve oder Fläche berührende Gerade kommt natürlich von *tangere*, der **Zirkel** als Zeichengerät für das Kreiszeichnen von *circulus*. Unter einem *circulus vitiosus* (mit *vitiosus* 3 „krankhaft" od. „fehlerhaft") verstehen Logiker einen Beweis, in dem der zu beweisende Sachverhalt bereits vorausgesetzt wird. Der Ausdruck geht schon auf ARISTOTELES zurück. Im Deutschen wird ein solchermaßen unzulässiger Beweis als „Zirkelschluss" bezeichnet.

79 *De mortuis nihil nisi bene* und *Nil novi sub sole*

a) *De* „über"; *mortuis* ist der Ablativ P. des hier substantivisch gebrauchten *mortuus* 3 „gestorben". Dabei handelt es sich um das PPP des der 3M-Konjugation angehörenden Deponens*) *morior, móreris, mori* (Infinitiv), *mortuus sum* „sterben" od. „vergehen". *Nil* „nichts", *nisi* ist eine Kombination aus *non* „nicht" und dem Bindewort *si* „wenn", „falls", also mit „wenn nicht" oder „außer" zu übersetzen. Auch das Adverb *bene* „gut" kann hier nur substantivisch gemeint sein: „Gutes". *Novum, novi* n. „Neues", „Neuigkeit"; *sub* „unter"; *sol, solis* m. „Sonne", *sole* ist der Ablativ.

b1) „Über Verstorbene nichts, wenn nicht Gutes" bringt zum Ausdruck, dass man Verstorbenen jedenfalls nichts Böses, sondern entweder gar nichts oder nur Gutes nachsagen soll. (Das Adverb *bene* weist darauf hin, dass bei diesem Text ein Verbum fehlt bzw. „hinzuzudenken" ist.) Der Spruch wurde aus dem Griechischen ins Lateinische übernommen, der Ursprung der lat. Version ist nicht nachgewiesen.

b2) „Nichts des/an Neuen/Neuem unter der Sonne", besser „Nichts Neues unter der Sonne" soll aussagen, dass alles schon dagewesen ist und dass sich nichts ändert, vor allem nicht die menschliche Unzulänglichkeit.

c) **Neu** kommt von *novus* 3 „neu"; *solar* „zur Sonne gehörend" oder „die Sonne betreffend" mit den davon abstammenden Hauptwörtern (z. B. *Solarenergie*) kommt selbstverständlich von *sol*.

---

*) Ein **Deponens** ist ein Zeitwort, das im Lateinischen nur in passiver Form existiert, das aber aktive Bedeutung hat. Beispiele aus den anderen Konjugationen sind *hortari* 1. „ermahnen", *vereri* 2. „fürchten", *sequi* 3. „folgen", davon abgeleitet die Fremdwörter **Sequenz** und **Konsequenz**, und *largiri* 4. „spenden".

Teil 8: Versmaße; Hexameter und Distichon

(66) Während die gebundene Rede im Deutschen auf einem geordneten Wechsel zwischen betonten und unbetonten Silben beruht, war in der Antike der Wechsel zwischen langen und kurzen Silben ausschlaggebend. Dabei wird vom Wortton oft abgewichen, die in der Prosa übliche Betonung aber doch nicht gänzlich vernachlässigt. Beim Rezitieren lat. Verse wird lang mit betont (und entsprechend akzentuiert) und kurz mit unbetont (nicht akzentuiert) gleichgesetzt.

(67) **Metrik** ist die Lehre von den Maßen der gebundenen Rede; diese beruht auf dem **Rhythmus**, d. h. auf der gegliederten Folge von langen (bzw. betonten) und kurzen (bzw. unbetonten) Silben. Die kleinste durch die unterschiedliche Länge (Betonung) gebildete Gruppe von Silben ist der Versfuß.

(68) Die wichtigsten zweisilbigen Versfüße sind der **Trochäus** mit Betonung der ersten und der **Jambus** mit Betonung der zweiten Silbe. Die klassischen deutschen Dramatiker (und die Shakespeare-Übersetzer) bevorzugen in gebundener Rede den Jambus, z. B. Goethe im „Faust": „Das álso íst des Púdels Kérn." Die wichtigsten dreisilbigen Versfüße sind der **Daktylus** mit Betonung der ersten und der **Anapäst** mit Betonung der letzten Silbe. Werden die zwei kurzen (unbetonten) durch eine lange (unbetonte) Silbe ersetzt, so spricht man von einem **Spondeus**.

(69) Je zwei Trochäen oder Jamben sowie jeder dreisilbige Versfuß bilden ein **Metrum** („Maß"). Der wohl wichtigste lat. Vers ist der (daktylische) **Hexameter** (*hexa* griech. „sechs"), der aus sechs Maßen, also in diesem Fall auch aus sechs Versfüßen, besteht. Jeder Versfuß ist entweder ein Daktylus oder ein Spondeus; der vorletzte Versfuß ist immer ein Daktylus, der letzte immer ein Spondeus.

(70) Werden beim dritten und sechsten Versfuß die unbetonten Silben durch Pausen ersetzt, so entsteht ein **Pentameter** (*penta* griech.

„fünf"). Der Name leitet sich davon ab, dass die Griechen die beiden unvollständigen Füße nur als ein Maß gezählt haben. Ein Pentameter tritt meist*) nach einem Hexameter als zweite Zeile eines **Distichons** auf, welches Friedrich v. Schiller wie folgt charakterisiert hat:

> Ím Hexámeter stéigt des Spríngquells flüssige Säule,
> ím Pentámeter dráuf fällt sie melódisch heráb.

81 *Bélla geránt alií, tu félix Áustria núbe!*

a) Vokabular und Grammatik: *Bellum, belli* n. „Krieg", *bella* ist hier der Akkusativ P.; *gerere* 3. „(aus)tragen", „(aus)führen", *gerant* ist die 3. Person P. Präsens Konj. aktiv „(sie) mögen führen"; *alii* „Andere" ist der hier substativisch gebrauchte Nominativ P. von *alius/alia/aliud* „der/die/das andere". *Tu* „du", siehe Anm. (31); *felix, felicis* „fruchtbar", „erfolgreich", „glücklich"; *Austria, Austriae* f. „Österreich"; *nube* ist der Imperativ S. von *nubere* 3. „heiraten".

b) Übersetzung, Herkunft bzw. Sinn: „Andere mögen Kriege führen, du, glückliches Österreich, heirate!" Dieser lat. Hexameter stammt natürlich nicht aus der Antike, sondern ist erst zu Beginn der Neuzeit geprägt worden. Er weist darauf hin, dass das „Haus Österreich" seine Herrschaft großteils nicht durch siegreich geführte Kriege, sondern durch Heiratsverträge ausgedehnt hat. Das betrifft vor allem die in Text 56, Abs. c) genannten Ländereien.

c) Fremd- und Lehnwörter: Zu *bellum* siehe Text 73. Der Vorname **Felix** „der Glückliche" ist lat. Ursprungs.

82 *Témpora mútantúr et nós mutámur in íllis*

a) *Tempus, temporis* n. „Zeit"; *mutare* 1. „fortbringen", „wechseln", „tauschen", „(ver)ändern", *mutantur* ist die 3. Person P. Präsens Ind. passiv „(sie) werden verändert", *mutamur* ist die 1. Person P. Ind. passiv „wir werden verändert". *Nos* „wir", siehe Anm. (31); *illis* ist der (gemeinsame) Ablativ P. des Demonstrativpronomens *ille/illa/illud* „jener/jene/jenes", das aber auch, wie *is/ea/id* nach Anm. (31), als Ersatz für „er/sie/es" verwendet werden kann, sodass *illis* im

Deutschen also die 3. Person P. Dativ „ihnen" entspricht, was sich auf *tempora* „Zeiten" bezieht.

b) „Die Zeiten werden verändert und wir werden in/mit ihnen verändert" oder freier, kürzer und prägnanter: „Die Zeiten ändern sich und wir in/mit ihnen." Die Geschichte dieses viel zitierten Spruches lässt sich verlässlich nur bis in die Renaissance zurückverfolgen.

c) Zu *tempus* siehe Text 15. In der Fachsprache der Biologie finden die **Mutation** und der **Mutant** Verwendung; gelegentlich wird auch noch **mutieren** für „die Stimme wechseln" als ein Phänomen der männlichen Pubertät verwendet.

83 *Quídquid agís, prudénter agás et réspice fínem!*

a) *Quidquid* „was (auch) immer", „alles, was" ist ein meist substativisch gebrauchtes verallgemeinerndes Relativpronomen; *agere* 3. „(be)treiben", „tun", *agis* ist die 2. Person S. Präsens Ind., *agas* ist die 2. Person S. Präsens Konj. *Prudens, prudentis* „wissentlich", „umsichtig", „klug", *prudenter* ist das zugehörige Adverb. *Respicere* 3M „zurückblicken", „berücksichtigen" od. „beachten"; *respice* ist der Imperativ S. *Finis, finis* m. „Grenze", „Ende" od. „Ausgang".

b) „Wás du auch túst, mach' es klúg und dénk' an den Aúsgang!" Selten gelingt eine so wortgenaue und melodische (drei Daktylen und zwei Spondeen) Übersetzung. Der lat. Text ist eine Schöpfung des Mittelalters, allerdings findet man bereits bei HERODOT einen griech. Text, dessen Übersetzung lautet: „Auf das Ende jeder Sache muss man schauen, wie sie einmal ausgehen wird." (Wörtlich zitiert nach dem Buch von Bartels, siehe Literaturverzeichnis.)

c) **Agieren**, der **Agent**, die **Agentur**, die **Agenda**, die **Aktion**, die **Akte** und der **Akt** sowie **aktiv** leiten sich von *agere* ab, **prüde** (mit Bedeutungswandel) dürfte von *prudens* kommen und **Finitum!** für „Schluss jetzt!" von *finis*.

84 Órandúm (e)st, ut sít mens sána in córpore sáno

a) *Orandum est* ist nach Anm. (7) der mit dem Gerundiv von *orare* 1. „bitten" od. „beten" gebildete subjektlose Hauptsatz, der Dass-Satz (*ut* mit Konjunktiv *sit* „sei") ist ein Begehrsatz. *Mens, mentis* f. „Denkkraft" od. „Geist"; *sanus* 3 „gesund", *corpus, corporis* m. „Körper".

b) „Es ist (darum) zu bitten/beten, dass ein gesunder Geist in einem gesunden Körper sei". Der Text findet sich bei JUVENAL *(„Satiren")* und war als Wunschformel anlässlich der Geburt eines Kindes in Gebrauch. Wann und von wem der Konjunktiv zu der Feststellung *Mens sana in corpore sano* „In einem gesunden Körper wohnt ein gesunder Geist" verballhornt wurde ist nicht bekannt.

c) Das **Oratorium** geht auf *orare* zurück, **mental** „den Geist betreffend" od. „geistig" kommt von *mens*, **korporativ** und die Floskel *in corpore* „in Körperschaft" od. „geschlossen" vom lateinischen *corpus*, dem auch unser **Körper** Pate gestanden hat. Zu *sanus* siehe Text 57.

85 Príncipibús placuísse virís non última láus est

a) *Placere* 2. „gefallen", „gefällig sein"; *placuisse* ist der Infinitiv Perfekt aktiv, „gefallen (zu) haben" od. „einen Gefallen getan (zu) haben". *Princeps, principis* „der erste/führende" od. „vornehmste", *principibus* ist der zu *viris* (*vir, viri* m. „Mann" od. „Mensch") gehörige Dativ P. *Ultimus* 3 „der/die/das äußerste/letzte/größte/höchste/niederste/unterste"; *laus, laudis* f. „Lob", „Ruhm", „Verdienst" od. „Ruhmestat".

b) „Führenden Männern einen Gefallen getan zu haben ist nicht das größte Verdienst", freier übersetzt: „... ist keine Ruhmestat." Den dort dem HORAZ zugewiesenen Vers fand ich im österr. Standard-Latein-Lehrbuch *„Liber Latinus B"*, Teil 1, von 1966.

c) Das **Prinzip** für einen höchstrangigen Grundsatz kommt von *principium, principii* n. „Anfang", Ursprung", aber auch „Grundlage", *princeps* ist das zugehörige Adjektiv, wovon sich der **Prinz** ableitet. Das Adjektiv *viril* für „männlich" stammt von *vir* ab. Zu *ultimus* siehe Text 29.

86 *Ést modus ín rebús, sunt cérti dénique fines*

a) *Modus, modi* m. „Maß", „Größe", „Regel" od. „Art und Weise"; *res, rei* f. „Ding" od. „Sache". *Certus* 3 „entschieden" (als PPP von *cernere* 3. „entscheiden") od. „sicher", „fest"; *denique* „endlich" od. „letztlich"; *finis, finis* m. „Grenze", „Ende", *fines* ist sowohl der Nominativ P. als auch der Akkusativ P.

b) „Es gibt ein Maß in den Dingen, letztlich gibt es feste Grenzen." Im Buch von Klaus Bartels wird auch dieser Spruch dem HORAZ („*Satiren*") zugeschrieben.

c) Alle mit dem Text zusammenhängenden Fremdwörter sind bereits (in Text 24, 68 bzw. 83) genannt worden.

87 *Quídquid id ést, timeó Danaós et dóna feréntes*

a) *Quidquid* „was auch immer", *id* „das" (zwei sächliche Pronomina, Teil 4). *Timere* 2. „(sich) fürchten"; *Danaos* (Akkusativ) siehe b); *et* „auch" (wie schon in Text 71); *donum, doni* n. „Geschenk"; *ferre* „tragen" od. „bringen" (unregelm. Verbum), das Präsens-Partizip im Akkusativ P. *ferentes* „bringend" bezieht sich auf die Danaer.

b) Die wörtliche Übersetzung lautet daher: „Was auch immer das ist, ich fürchte auch die Geschenke bringenden Danaer." Üblicherweise wird dieser aus der „*Aeneis*" des VERGIL stammenden Hexameter, inhaltlich zwar exakt, aber einen nicht existenten Nebensatz bildend, wie folgt übersetzt: „Was auch immer das ist, ich fürchte die Danaer, auch wenn sie Geschenke bringen." Mit diesem Hexameter ruft Laokoon die unschlüssigen Troianer zum Misstrauen gegen das „Danaergeschenk" des „Troianischen Pferdes" auf. In den Epen Homers werden die Griechen in ihrer Gesamtheit als Danaer bezeichnet.

c) Im Rechtswesen ist **Donation** ein Fachausdruck für Schenkung.

88 *Áurea príma satá (e)st aetás, quae víndice núllo spónte suá, sine lége fidém rectúmque colébat.*

a) *Aureus* 3 „goldig" od. „golden"; *primus* 3 „der/die/das erste"; *satus* 3 ist das PPP von *serere* 3. „hervorbringen". *Aetas, aetatis* f. „Zeitalter"; *quae* bezieht sich auf das feminine *aetas*, in der Übersetzung auf „Zeitalter", also „welches"; *vindex, vindicis* m. „Richter", *nullus* 3 „kein", *vindice nullo* „ohne Richter" (Ablativ S.). *Sponte sua* „von selbst"; *sine* „ohne"; *lex, legis* f. „Gesetz", *fides, fidei* f. „Treue", „Vertrauen" od. „Ehrlichkeit"; *rectus* 3 „rechtlich", „richtig" ist das PPP von regere 3. „richten" und hier substantivisch gebraucht; zur Endung -*que* siehe Anm. (61). *Colere* 3. „pflegen" od. „hochhalten", *colebat* ist die 3. Person S. Imperfekt Ind. aktiv.

b) „Als erstes ist das goldene Zeitalter hervorgebracht worden, welches ohne Richter von selbst, ohne Gesetz die Ehrlichkeit und das Recht hochhielt." Die ersten zwei Zeilen aus den *„Metamorphosen"* des OVID, die – zumindest in meiner Schulzeit – jeder Gymnasiast auswendig lernen musste und nicht ohne Stolz auch heute noch gern rezitiert.

c) **Spontan** kommt offenbar von *sponte* und das **Recht** von *rectus*. Zu *nullus* und *lex* ist schon berichtet worden.

89 *Dónec erís sospés, multós numerábis amícos: témpora sí fuerínt núbila, sólus erís*

a) *Donec* „solange (als)", „während" od. „bis dass"; *eris* (2. Person S. Futur Ind. von *esse*) „du wirst sein"; *sospes, sospitis* „unversehrt", auch „glücklich". *Multos* ist der Akkusativ P. von *multus* 3 „viel", *numerabis* ist die 2. Person S. Futur Ind. aktiv von *numerare* 1. „zählen", hier lt. „Stowasser" mit Hinweis auf Ovid besser „haben"; *amicos* ist der Akkusativ P. von *amicus, amici* m. „Freund". *Tempus, temporis* n. „Zeit"; *si* „wenn" od. „falls"; *fuerint* (3. Person P. Futur exakt Ind. von *esse*) „(sie) werden gewesen sein". (Die gleich lautende Form der 3. Person P. Perfekt Konj. „sie seien gewesen" passt nicht.) *Nubilus* 3 „wolkig", „bewölkt", hier lt. „Stowasser" mit Hinweis auf Ovid besser „traurig"; *solus* 3 „allein" od. „verlassen".

b) Die wörtliche Übersetzung dieses aus einem Hexameter und einem Pentameter bestehenden Textes lautet also: „Solange Du glücklich sein wirst, wirst Du viele Freunde haben: wenn die Zeiten traurig gewesen sein werden, wirst Du verlassen sein." Frei übersetzt: „Solange es Dir gut geht hast Du viele Freunde: im Unglück wirst Du allein sein." Das Distichon stammt aus der *„Tristia"* des OVID, eines in der Verbannung geschriebenen Werkes.

c) Die Vorsilbe *multi* als Hinweis auf Vielheit, das Adjektiv *amikal* für freundschaftlich (und der *Amigo*), **num(m)erieren** und **Nummer**, *temporär* für zeitlich und der von *nubilus* abgeleitete **Nebel** sind Fremd- bzw. Lehnwörter, die mit diesem Ovidvers verknüpft sind, und außerdem noch, was es bedeutet, wenn jemand *solo* ist. *Tempus* und *temporal* sind als grammatikalische Fachausdrücke bereits eingeführt worden.

---

*) Herr Dr. Herbert Michner aus Wien hat mich freundlicherweise auf einen allein stehenden Pentameter aufmerksam gemacht, der auf einem Grabstein am Wiener Zentralfriedhof (3. Tor) steht und den ich wegen seiner Schönheit und Sinnhaftigkeit dieser 2. Auflage meines Büchleins beifüge:

Córpora mórte cadúnt, córda ligáta manént

Teil 9: Das „*Gaudeamus*" und seine Geschichte

(71) Im Jahr 1961 wurde das Studentenlied „*Gaudeamus igitur*" zur offiziellen Hymne der Studentenweltspiele, der „*Universiade*", erwählt und erhob sich damit, ähnlich Schillers und Beethovens „Ode an die Freude", zu einem zeitlosen, übernationalen und völkerverbindenden Chorgesang. Allein schon das rechtfertigt es, unter den zahlreichen Studentenliedern mit lat. Texten oder Textstellen (z. B. dem „*Ergo bibamus*" des J. W. v. Goethe oder dem „*Vale universitas*" von Ottokar Kernstock) das „*Gaudeamus*" besonders hervorzuheben, seine alte Geschichte nachzuerzählen und dieses Büchlein letztlich mit einer Übersetzung seiner sieben Strophen abzuschließen.

(72) Der Ursprung des Liedes liegt in einer Zeit, in der es im deutschen Sprachraum noch gar keine Universitäten gab. Schon 1267 texteten Mönche die 2. und 3. Strophe als eine Klage über die Vergänglichkeit des Lebens. „*De brevitate vitae*" hieß denn auch der ursprüngliche Titel und konsequenterweise war die Melodie in Moll gehalten. Ein Studentenlied ist daraus erst ein paar Jahrhunderte später geworden, als das nun vorangestellte „*Gaudeamus igitur*" – Sequenzen des Gregorianischen Chorals entnommen – einen Kontrapunkt zum alten Bußmotiv setzte, einen Kontrapunkt, welcher im abschließenden „*Pereat tristitia*" noch eine Steigerung erfährt. Zu Beginn des 18. Jahrhunderts dürfte dem Text als Melodie dann die bis heute aktuelle Dur-Version unterlegt worden sein, deren Schöpfer unbekannt ist.

(73) Umso bekannter sind zwei Komponisten, welche die (aktuelle) Gaudeamusweise im 19. Jahrhundert in Musikwerken verarbeitet haben. Einer davon ist der Hanseate Johannes Brahms; in seiner „Akademischen Festouvertüre" bildet das „*Gaudeamus*" nach drei anderen Studentenliedern als prächtiges Maestoso den krönenden Abschluss. Der andere ist der Austrohungare Franz Liszt, der die Melodie in mehreren Musikwerken verarbeitet und auch Fassungen für Männerchor und kleines Orchester sowie für großes Orchester

und gemischten Chor geschrieben hat. Neben diesen Größen der Musikwelt haben der Barockmeister Friedrich Schneider aus Dessau, der Leipziger Gewandhaus-Kapellmeister Carl Reinecke, der Wiener Operettenvater Franz von Suppé, der tschechische Nationalkomponist Friedrich Smetana, der streitbare Expressionist Paul Hindemith, aber auch weniger bekannte Tonsetzer wie der Engländer Reg Tilsley und der Neuseeländer Douglas Lilburn auf das Thema zugegriffen.

(74) Der Text der Dur-Version, der noch heute Gültigkeit hat, stammt vom Hallenser Magister Christian Wilhelm Kindleben, der die lateinischen Strophen gegen Ende des 18. Jahrhunderts einer Redaktion unterzog und sie 1781 in seinem Liederbuch, dem ersten gedruckten Studentenliederbuch der Welt, veröffentlichte. Dabei hat er die sechste Strophe als Huldigung an den Preußenkönig Friedrich den Großen selber dazugedichtet. Mag sein, dass Kindleben der Unterschied zwischen Monarchie und Republik nicht so recht bewusst war; jedenfalls ist anzunehmen, dass er mit *respublica* ganz allgemein das „Staatswesen" gemeint hat. Weiters hat Kindleben in der vierten Strophe die nur für wenige Universitäten passende Passage *atque nutritores* – „und auch die Nährväter", heute Sponsoren genannt – durch *semper sint in flore* ersetzt. Dadurch ist ein etwas unsauberer Reim entstanden, der häufig zum Singen von *flores* verleitet. (Jena, eine immer schon bedeutende deutsche Universität, besaß *nutritores*, bildete diesbezüglich aber eher die Ausnahme.)

(75) Da die zweite und dritte Strophe dem Text nach in ein diesseitiges Lob-, Preis- und Trinklied nicht passen, werden sie in der Regel übersprungen. Umso besser eignet sich der Text dieser zwei Strophen für einen Trauergesang, dem dann natürlich auch die ursprüngliche Moll-Weise unterlegt wird. Interessanterweise ist für dieses gerne bei Begräbnissen und Gedenkfeiern gesungene „*Gaudeamus* in Moll" auch heute noch der ältere Text gebräuchlich. Er ist im Faksimile auf Seite 88 nachzulesen.

(76) Im Folgenden werden unter Text 91 bis 97 die Strophen des Kindleben-Textes behandelt und abschließend wird unter Text 98 die Moll-Fassung studiert, welche sich überraschenderweise doch recht deutlich von Kindlebens Reimen unterscheidet.

91 *Gaudeamus igitur, iuvenes dum sumus,*
post iucundam iuventutem,
post molestam senectutem nos habebit humus

a) Vokabular und Grammatik: *Gaudere* 2. „froh sein" od. „sich freuen", *gaudeamus* ist die 1. Person P. Präsens Konj. „seien wir froh"; *igitur* „daher" od. „also". *Iuvenis, iuvenis* „jung"; *dum* „solange (als/bis)". *Iucundus* 3 „erfreulich"; *iuventus, iuventutis* f. „Jugendzeit". *Molestus* 3 „verdrießlich" od. „beschwerlich"; *senectus, senectutis* f. „(hohes) Alter". *Habere* 2. „(fest)halten" od. „haben", *habebit* ist die 3. Person S. Futur Ind.; *humus, humi* f. „Erdreich" od. „Erde".

b) Übersetzung: „Freuen wir uns also, solange wir jung sind, nach einer erfreulichen Jugendzeit, nach einem beschwerlichen Alter wird uns die Erde haben."

c) Fremd- und Lehnwörter: Zu *gaudere* siehe Text 35. Für jugendlich wird gelegentlich noch *juvenil* verwendet. *Juventus* Turin ist ein Fußballklub, der – konträr zu seinem Vereinsnamen – als die „alte Dame" des italienischen Fußballs bezeichnet wird. **Haben** kommt von *habere* und der **Humus** ist mit der lat. Wurzel völlig identisch.

92 *Ubi sunt, qui ante nos in mundo fuere?*
Vadite ad superos, transite ad inferos,
ubi iam fuere

a) Mit Ausnahme des *fuere*, siehe später, sind die meisten Vokabel des Fragesatzes bereits gut bekannt, *qui* ist hier der maskuline Nominativ P. von *qui/quae/quod* „der/die/das" od. „welcher/welche/welches"; *mundus, mundi* m. „Welt". *Vadere* 3. „schreiten" od. „gehen"; *transire* „hinübergehen", siehe Text 64; *vadite* und *transite* sind die Mehrzahl-Imperative. *Superi, superorum* m. „Götter des Himmels" od. „Oberwelt"; *inferi, inferorum* m. „Unterirdische" od. „Unterwelt". *Iam* „jetzt", „bereits", „schon" od. „nunmehr". Das zweimal vorkommende *fuere* gibt auf den ersten Blick Rätsel auf, ist es doch unter den Formen von *esse* nicht zu finden. Tatsächlich handelt es sich dabei um eine im klassischen Latein bereits veraltete Perfektform (*fuere* = *fuerunt*), die aber vor allem bei Dichtern noch häufig auftaucht. Damit ergibt das erste *fuere* einen Sinn, nicht aber das zweite. Das liegt daran, dass das ganze Ende *ubi iam fuere* nicht sinnhaft ist, wie Dr. Emil Gaar in seiner *„Initia"* (siehe Literaturverzeichnis) festgestellt hat. Sinn ergäbe nach Gaar nur die Schreibweise: *... transite ad inferos. Ubi? – iam fuere.* Darin wiederholt *Ubi?* „Wo?" die bereits eingangs gestellte Frage, um darauf mit einem resignierenden – *iam fuere* „sie sind schon gewesen" od. „sie sind nicht mehr" zu antworten.

b) „Wo sind die vor uns auf der Welt Gewesenen? Schreitet zu den Himmlischen, geht in die Unterwelt hinüber. Wo? – sie sind nicht mehr."

c) Ein **Vademecum** („Geh mit mir!") ist etwas, das man ständig mit sich führt. Zu **Transit** siehe Text 64. **Inferior** für untergeordnet od. minderwertig und **infernalisch** für höllisch od. furchtbar sind gebräuchliche Adjektiva, und dann ist da auch noch Dantes **Inferno**.

93 *Vita nostra brevis est, brevi finietur, venit mors velociter, rapit nos atrociter, nemini parcetur*

a) *Vita, vitae* f. „Leben"; *noster, nostra, nostrum* „unser(e)"; *brevis* m. f. *breve* n. „kurz", *brevi* „in Kürze" od. „bald"; *finietur* ist die 3. Person S. Futur Ind. passiv von *finire* 4. „beenden". *Venire* 4. „kommen", *venit* ist die 3. Person S. Präsens Ind.; *mors, mortis* f. „Tod"; *velociter* und *atrociter* sind die Adverbia zu *velox, velocis* „schnell" bzw. *atrox, atrocis* „wild" od. „unbändig"; *rapere* 3M „(fort)reißen". *Parcetur* ist die 3. Person S. Futur Ind. passiv von *parcere* 3. „sparen", hier „(ver)schonen", und verlangt ein Dativobjekt, daher *nemini* (Dativ von *nemo* m. „niemand").

b) „Unser Leben ist kurz, bald wird es beendet sein, rasch kommt der Tod, reißt uns unbändig fort, niemand wird verschont (werden)."

c) **Rauben** dürfte auf *rapere* zurückgehen; *vita* ist (bei Text 19) schon behandelt worden.

94 *Vivat academia, vivant professores,*
vivat membrum quodlibet,
vivant membra quaelibet, semper sint in flore!

a) *Vivere* 3. „leben", hier „hochleben", *vivat/vivant* ist die 3. Person S./P. Präsens Konj.; *academia, academiae* f. „Akademie", „Hochschule", „Universität"; *professor, professoris* m. „öffentlicher Lehrer", „Professor". *Membrum, membri* n. „(Mit-)Glied", im Plural „Körper(schaft)"; qui/quae/quodlibet „jeder/jede/jedes beliebige". *Semper* „immer"; *sint* ist die 3. Person P. Präsens Konj. von *esse*; *flos, floris* m. „Blume" od. „Blüte", auch „Glanzzeit".

b) Die sinnhafte Wiedergabe dieses Textes verlangt eine etwas freiere Übersetzung, insbes. das *quodlibet* und das *quaelibet* betreffend: „Hochleben mögen die/unsere Universität und die/ihre Professoren, jedes einzelne Mitglied und alle ihre Körperschaften, immer möge es ihnen wohlergehen!"

c) Ein **Vivat** ausbringen für jemanden hochleben lassen kommt gelegentlich noch vor. Von **Akademie**, ursprünglich der (vom attischen Heros *Akademos* abgeleitete) Name der ersten, vom griech. Philosophen Platon gegründeten Philosophenschule, kommt der **Akademiker**. Der **Professor** stammt vom Deponens *profiteri* 2. „frei heraussagen" od. „(öffentlich) bekennen" ab, *membrum* finden wir im englischen **member** fast unverändert wieder. Und spätestens jetzt wissen wir auch über den Ursprung der **Flora** (Fachausdruck für „Pflanzenwelt") und des **Floristen** Bescheid.

95 *Vivant omnes virgines, faciles, formosae, vivant*
et mulieres, tenerae, amabiles, bonae, laboriosae!

a) *Virgo, virginis* f. „Jungfrau" od. „junge Frau"; *facilis* m., f. *facile* n. „(wohl)gefällig", „freundlich" od. „willig"; *formosus* 3 „wohlgeformt" od. wohlgestaltet". *Mulier, mulieris* f. „(Ehe-)Frau", *tener, tenera, tenerum* „zart" od. „zärtlich", *amabilis* m., f. *amabile* n. „liebenswürdig" od. „liebenswert", *bonus* 3 „gut", hier wohl „tüchtig", *laboriosus* 3 „arbeitsam".

b) „Hochleben sollen alle wohlgefälligen und wohlgestalteten Jungfrauen, (und) hochleben sollen auch die zärtlichen, liebenswerten, tüchtigen und arbeitsamen Hausfrauen." Alternativ dazu wäre eine die Wortstellung im lat. Text berücksichtigende, den zwei Subjekten nachgestellte adverbielle oder substantivische Übersetzung der sechs Adjektiva denkbar.

c) *Virginität* ist ein Synonym für Jungfräulichkeit, *laboriosus* kommt von dem bereits in Anm. (28) verwendeten *laborare* 1. „arbeiten", aber auch „leiden", was sich im *Laboratorium*, kurz *Labor* genannt, im *Laboranten* und im Zeitwort *laborieren* niederschlägt.

96 *Vivat et respublica et qui illam regit,*
vivat nostra civitas, maecenatum caritas,
quae nos hic protegit!

a) *Regere* 3. „regieren", *regit* ist die 3. Person S. Präsens Ind. aktiv; *qui* „wer"; das Demonstrativpronomen *ille/illa/illud* kann auch mit „er/sie/es" übersetzt werden, *illam* ist der Akkusativ von *illa*. *Civitas, civitatis* f. „Bürgerschaft"; *maecenatum* ist der Genetiv P. vom *maecenas, maecenatis* m. „Wohltäter" od. „Gönner"; *caritas, caritatis* f. hier wohl „Großzügigkeit", *protegere* 3. „schützen", hier wohl besser „zu Gute kommen", *protegit* ist die 3. Person S. Präsens Ind. aktiv.

b) „Hoch lebe auch die Republik/der Staat und wer sie/ihn regiert, hoch lebe unsere Bürgerschaft (und) die Großzügigkeit der Gönner, welche uns hier zu Gute kommt."

c) *Zivil*, wohl ursprünglich, weil von *civitas* kommend, in der Bedeutung „bürgerlich" und beim *Zivilberuf* noch immer mitschwingend, hat sich zum Gegenbegriff zu „militärisch" entwickelt. Der *Mäzen* und das *Mäzenatentum* sind geläufige Fremdwörter, abgeleitet von *Maecenas*, einem Gönner zeitgenössischer Dichter in der frühen röm. Kaiserzeit. Jemanden *protegieren* (gespr. proteschieren) für bevorzugen oder unterstützen ist als Fremdwort gut eingeführt, ebenso die *Protektion* und insbesondere das *Protektionskind*. Zu *caritas* siehe Text 25.

97 *Pereat tristitia, pereant osores, pereat diabolus, quivis antiburschius, atque irrisores!*

a) *Perire* „vergehen" od. „verschwinden", abgeleitet von dem um die Vorsilbe *per* erweiterten unregelm. Verbum *ire* „gehen", *pereat/pereant* ist die 3. Person S./P. Präsens Konj. „möge/mögen verschwinden". *Tristitia, tristitiae* f. „Trauer"; *osor, osoris* m. „(der) Hasser"; *diabolus, diaboli* m. „Teufel". *Quivis* „jeglicher", „wer auch immer"; *antiburschius* ist ein Kunstwort, eine Kombination von *anti* „gegen" und „Bursch" in der Bedeutung „Student". *Atque* „und dazu (noch)"; *irrisor, irrisoris* m. „Spötter".

b) Wörtliche Übersetzung: „Es möge vergehen die Traurigkeit, verschwinden die Hasser, der Teufel und wer auch immer antistudentisch (gesinnt) ist, und dazu noch alle Spötter." Freiere Übersetzung: „Fort mit der Traurigkeit, fort mit denen, die (uns) hassen, fort mit dem Teufel, fort mit allen, die etwas gegen Studenten haben, und noch dazu fort mit allen Spöttern." Diese Stophe ist wohl die für einen Schargesang bzw. ein Trinklied typischste und schließt das alte Studentenlied damit passend ab.

98 *Die Textabweichungen in der Moll-Version*

a) Der ältere Text der Moll-Version ist im Faksimile auf der nächsten Seite nachzulesen. Am geringsten sind die Textabweichungen gegenüber der Kindleben-Fassung noch in der ersten Strophe. Dort steht anstelle von *post iucundam iuventutem* bereits *post molestam senectutem* und wird wiederholt, das letzte Wort ist *tumulus, tumuli* m. „Grab" statt *humus*.

b) Die zweite Strophe wird nach *Ubi sunt qui ante nos in mundo fuere?* mit zweimaligem *abeas ad tumulos* fortgesetzt und mit *si vis hos videre* abgeschlossen. *Abeas* ist die 2. Person S. Präsens Konj. des aus der Präposition *ab* und dem unregelm. Verb *ire* zusammengesetzten *abire* „weggehen" od. „fortgehen"; der mit *si* „falls" eingeleitete Nebensatz enthält die 2. Person S. Präsens Ind. *vis* des unregelm. Verbs *velle* „wollen", den Akkusativ P. *hos* von *hic*, also mit „diese" od. „sie" zu übersetzen, und *videre* 2. „sehen" od. „wahrnehmen". Die Übersetzung lautet daher: „Du magst/kannst zu den/ihren Gräbern (weg)gehen, falls du diese/sie wahrnehmen willst."

c) In der dritten Strophe wird anstelle des *rapit nos atrociter* das *venit mors velociter* wiederholt und dann mit *neminem veretur* abgeschlossen. *Veretur* ist die 3. Person S. Präsens Ind. des Deponens *vereri* 2. „fürchten"; *neminem* ist der Akkusativ von *nemo* m. „niemand". Übersetzung: „Unser Leben ist kurz, bald wird es beendet sein. Rasch kommt der Tod, er fürchtet niemanden".

Quelle: Chorliederbuch der DS, Copyright Bärenreiter-Verlag Kassel

Personenregister

Dieses Register enthält alle Namen, die im Vortext durch Großbuchstaben ausgezeichnet sind.

ARCHIMEDES: Der 287 v. Chr. in Syrakus geborene und dortselbst 212 v. Chr. verstorbene Archimedes war der produktivste Mathematiker, Naturwissenschafter und Techniker des Altertums.

ARISTOTELES: Griechischer Philosoph, der Platons *„Akademie"* besuchte und danach seine eigene Schule gründete, den *„Peripatos"*, benannt nach einer Wandelhalle, in der A. öffentliche Vorträge hielt. Geboren wurde der Erzieher Alexanders d. Großen 384 v. Chr. in Stagira (Thrakien), gestorben ist er 322 v. Chr. bei Chalkis (Euböa). Als Schüler Platons stellte Aristoteles dessen Ideenkosmos die Erfahrungswelt gegenüber und schuf mit Axiomatik und Logik die erkenntnistheoretischen Grundlagen für alle exakten Wissenschaften.

CAESAR: Gaius Iulius Caesar wurde am 13. Juni 100 od. 102 v. Chr. in Rom geboren und dort am 15. März 44 v. Chr. ermordet. Als Feldherr und Staatsmann bereitete er dem röm. Kaiserreich den Weg, als Schriftsteller (*„De bello Gallico"*, *„De bello civili"*) pflegte er eine einfache und klare Sprache. Als Erstliteratur für den Lateinunterricht sind seine Texte daher besonders geschätzt.

CARTESIUS: Humanistenname des 1596 in La Haye-Descartes (Touraine) geborenen und 1650 in Stockholm verstorbenen französischen Philosophen, Mathematikers und Naturwissenschafters René Descartes.

CATO: Marcus Porcius Cato (234 – 149 v. Chr.), röm. Staatsmann und Schriftsteller, der die altrömischen Sitten gegen den im röm. Reich um sich greifenden Hellenismus zu verteidigen suchte.

CICERO: Marcus Tullius Cicero (106 – 43 v. Chr.), gelernter Jurist, exzellenter Redner, Staatsmann und Schriftsteller, scheiterte letztlich bei dem Versuch, die röm. Republik zu retten, und wurde nach der von seinen Parteigängern verlorenen Schlacht bei Gaeta ermordet. Seine überlieferten Reden und politischen Schriften, z. B. *„De re publica"* und *„De legibus"*, gehören zu den elegantesten und relativ leicht zu lesenden Lateintexten.

COMENIUS: Humanistenname des tschechischen Theologen und frühen Pädagogen Jan Amos Komensky (1592 – 1670). Sein Hauptwerk trägt den Namen *„Didactica magna"*.

EURIPIDES: Von dem um 485/484 v. Chr. auf Salamis geborenen und vermutlich um 407/406 in Pella (Makedonien) verstorbenen griech. Dramatiker sind neben zahlreichen Fragmenten 17 Tragödien erhalten. Viermal gewann E. den athenischen Dichterwettstreit, einen fünften postum. Von allen griech. Dramatikern kommt seinem Wirken in der Weltliteratur die größte Bedeutung zu.

EUKLID: Um 365 v. Chr. geborener und um 300 v. Chr. verstorbener griechischer Mathematiker, der unter dem Einfluss von Platon und Aristoteles die Geometrie auf eine axiomatische Grundlage stellte. Euklids Handbuch „Elemente" bildete über 2000 Jahre lang die Grundlage des Geometrieunterrichs.

HERODOT: Der zwischen 490 und 430 v. Chr. vorwiegend in Athen lebende Historiker mit gut erhaltenem Nachlass wurde von Cicero „Vater der Geschichtsschreibung" genannt.

HORAZ: Quintus Horatius Flaccus (65 – 8 v. Chr.) gehört zu den bedeutendsten röm. Dichtern. Er wurde von Vergil in den Dichterkreis des Maecenas – siehe Text 96, Abs. c) – eingeführt und neben diesem auf dem Esquilin bestattet. Sein aus neun Büchern bestehendes Gesamtwerk (*„Satiren"*, *„Oden"*, *Episteln"* u. a.) ist vollständig erhalten.

IUVENAL: Decimus Iunius Iuvenalis, zwischen 58 und 67 geboren und nach 127 verstorben, veröffentlichte in fünf Büchern 16 Satiren in Hexametern, in denen er mit scharfem Witz, leidenschaftlicher Entrüstung und rhetorischem Phatos den Sittenverfall Roms zur Zeit des Kaisers Domitian kritisiert.

LIVIUS: Titus Livius (59 v. Chr. – 17 n. Chr.), röm. Historiker und Schriftsteller. Von den 142 Bänden seines Geschichtswerks *„Ab urbe condita"* sind nur jene erhalten, welche die Jahre von 753 – 293 sowie von 218 – 167 beschreiben.

OVID: Der 43 v. Chr. geborene Publius Ovidius Naso erfreute sich lange Zeit in Rom eines angenehmen Lebens und großer Wertschätzung. Sein bedeutendstes Werk sind die *„Metamorphosen"*, etwas gewagt war seine *„Ars amandi"* aus früheren Jahren. Aus bis heute nicht restlos geklärter Ursache fiel er in Jahr 8 oder 9 n. Chr. bei Kaiser Augustus in Ungnade und wurde nach Tomis (heute Konstanza) am Schwarzen Meer verbannt. Im Exil, wo Ovid schließlich im Jahr 17 n. Chr. starb, entstanden vor allem die *„Tristia"*. Auf dem Marktplatz von Konstanza wurde dem Dichter im Jahr 1886 ein Denkmal (Titelbild) errichtet.

PLAUTUS: Titus Maccius Plautus, um 250 v. Chr. in Umbrien geboren und um 184 v. Chr. in Rom gestorben, ist der erste röm. Schriftsteller (Komödiendichter), von dem vollständige Werke erhalten geblieben sind. Zusammen mit Cato gehört er zu den wichtigsten Repräsentanten der röm. Vorklassik.

PLINIUS: Gaius Plinius Secundus (Plinius der Ältere) wurde 23 od. 24 n. Chr. in Como geboren und kam 79 n. Chr. beim Ausbruch des Vesuvs ums Leben. Sein wichtigstes Werk ist *„Naturalis historia"* in 37 Büchern, eine Naturgeschichte, die bis ins späte Mittelalter hinein große Bedeutung hatte.

PLUTARCH: Mestrius Plutarchus war ein um 46 geborener und um 125 verstorbener, von der *„Akademie"*, der *„Stoa"* und dem *„Peripatos"* beeinflusster griechischer Philosoph und Schriftsteller. Sein etwa zur Hälfte erhaltenes Werk umfasst rhetorische, historische, theologische und von hohem sittlichem Ernst getragene philosophisch-ethische Schriften.

SENECA: Lucius Annaeus Seneca (d. J.) wurde um 4 v. Chr. in Cordoba geboren und ist 65 n. Chr. in Rom gestorben. Der Politiker, Philosoph, Dichter und Erzieher des späteren Kaisers Nero war mehrmals in Hofintrigen verwickelt und endete durch (befohlenen) Selbstmord. Seine philosophischen Schriften werden von einer stoischen Ethik dominiert, seine Bearbeitungen von Theaterstücken griechischer Klassiker haben das neuzeitliche Drama stärker beeinflusst als die Originale.

SUETON: Gaius Suetonius Tranquillus, um 70 geboren und um 140 gestorben, war ein röm. Schriftsteller und Historiker, der vor allem wegen seiner Kaiserbiografien für die Geschichtswissenschaft von Bedeutung ist.

TACITUS: Der röm. Geschichtsschreiber Publius(?) Cornelius Tacitus wurde um 55 geboren und ist nach 115 gestorben. Seine *„Germania"* zeichnet ein idealisiertes Germanenbild, das der Dekadenz im röm. Kaiserreich gegenübergestellt wird. Seine *„Annales"* und seine *„Historiae"* umfassen die Zeit vom Tod des Augustus bis zum Ende Domitians (96). T. schreibt eine Kunstprosa, deren gehobener Stil bewusst unübliche Formen verwendet und in der prägnante Aussagen neben vagen Andeutungen stehen.

VERGIL: Publius Vergilius Maro (70 – 19 v. Chr.) war seit 39 v. Chr. Mitglied des Dichterkreises des Maecenas und von der röm. Kaiserzeit bis zum Barock der Maßstab für große Dichtung schlechthin. Schon mit früheren Werken, z. B. den *„Bucolica"*, bekannt geworden, hat ihn vor allem sein Spätwerk, die *„Aeneis"*, in den Dichterhimmel erhoben. Die *„Aeneis"* beschreibt die Irrfahrten der Troianer unter Aeneas bis zu deren Ansiedlung in Latium und wurde zum Nationalepos der Römer.

Sachregister

Hier stehen alle in dieser Schrift enthaltenen lateinischen Fachausdrücke aus Grammatik und Verslehre (in der Regel im Singular) sowie die Seiten, wo sie erklärt werden.

Ablativ 14
Adjektiv 11, 23
Adjektivadverb 59
Adverb 12, 50, 59
Akkusativ 14
Akkusativ mit Infinitiv 66
aktiv 11
Anapäst 73
Attribut 23
Daktylus 73
Dativ 14
Deklination 11, 50
Demonstrativpronomen 42
Deponens 72
Distichon 74
feminin 13
Femininum 13
Futur 32
Futur exakt 32
Genetiv 14
Genus 11
Gerundiv 31
Hexameter 73
Hilfsverb 32
Imperativ 11, 33
Imperfekt 32
Indefinitpronomen 42
Indikativ 11, 33
Infinitiv 11
Infinitiv Präsens aktiv 31
Interjektion 12

Interrogativpronomen 42
Jambus 73
Kardinalia 42
Kasus 11, 21
kausal 49, 59
Kausalsatz 65
Komparation 23
Komparativ 23
Konditionalsatz 65
Konjugation 11, 31
Konjunktion 12, 50, 65
Konjunktiv 11, 33
Korrelativpronomen 42
lokal 49, 59
maskulin 13
Maskulinum 13
Metrik 73
Metrum 73
modal 49, 59, 63
Modus 11, 33, 63
Multiplikativa 42
Negation 12, 65
Neutrum 13
Nomen 11, 16
Nominalform 11, 31
Nominativ 14
Numeralia 11, 42
Numerus 11
Objekt 13
Objektsatz 66
Ordinalia 42

Partikel 11
Partizip 11
Partizip Perfekt 32
Partizip Perfekt passiv 33
Partizip Präsens 31
passiv 11
Pentameter 73
Perfekt 32
Personalpronomen 11, 41
Plural 11, 30
Plusquamperfekt 32
Positiv 23
Possessivpronomen 11, 42
Prädikat 12
Prädikatsadjektiv 23
Prädikatsatz 13
Prädikatsnomen 13
Prädikatssubstantiv 13
Präfix 12, 49
Präposition 12, 49

Präsens 11, 32
Präteritum 32
Prohibitiv 66
Pronomen 11, 41, 53
Reflexivpronomen 41
Relativpronomen 12, 42
Rhythmus 73
Singular 11
Spondeus 73
Subjekt 12
Subjektsatz 13
Substantiv 11
Superlativ 23, 53
temporal 49, 59, 79
Tempus 11, 32, 79
Trochäus 73
Verb(um) 11, 25, 31
Verbaladjektiv 23, 31
Vokativ 14

Literatur

Verzeichnis von Büchern und Aufsätzen, denen der Autor Informationen und/oder Zitate entnommen hat, die teilweise auch als weiterführende Literatur in Frage kommen und empfohlen werden können.

BARTELS Klaus: *Veni, vidi, vici*. Geflügelte Worte aus dem Griechischen und Lateinischen. Deutscher Taschenbuch Verlag GmbH & Co. KG, 10. Auflage März 2008

BROCKHAUS zwölfbändiges Lexikon aus 1979

GAAR Emil: *Initia Litterarum Latinarum*, ÖBV, HPT usw., 7. Aufl.

GAAR Emil, SCHUSTER Mauriz: Lateinische Grammatik. Verlag Hölder-Pichler-Tempsky, 7. Auflage, Wien 1950

GAAR, SCHUSTER, VICENZI: Abriss der lateinischen Sprachlehre. ÖBV, HPT, Jugend und Volk, Manzsche Verlags- und Universitätsbuchhandlung, alle Wien, 7. Auflage 1968

LANG Raimund: Zur Geschichte des „*Gaudeamus*". Aufsatz bzw. Redeabdruck in der DS-Zeitung II/2013

KOMENSKY Amos: Informatorium der Mutterschul. Leipziger Reclam-Ausgabe von 1987

KUNZE Kurt: *Eadem mutata resurgo*. Die logarithmische Spirale. Aufsatz aus den Jahresbericht des BRG Steyr, Schuljahr 1995/96

MEYERS NEUES LEXIKON achtbändig aus 1979

MOUNT Harry: Latin Lover. Latein lieben lernen! Wilhelm Heyne Verlag München, 2. Auflage 02/2009

RUBENBAUER Hans, HOFMANN J. B.: Lateinische Grammatik. (*Lectiones Latinae*, Lateinisches Unterrichtswerk für Gymnasien.) C.

C. Buchners Verlag, Bamberg, J. Lindauer Verlag, München, Verlag v. R. Oldenbourg, München, 3. Auflage 1952

STOWASSER, PETSCHENIG, SKUTSCH: Der kleine Stowasser. Lateinisch-deutsches Schulwörterbuch. Hölder-Pichler-Tempsky, Wien 1980.

STROH Wilfried: Latein ist tot, es lebe Latein! Kleine Geschichte einer großen Sprache. List Taschenbuch, Ullstein GmbH Berlin, 7. Auflage 2011.